Наталья Марьян

Душа размером с небо

Христианская лирика

С любовью от автора
Н. Марьян

2017

Благодарю Бога за привилегию и возможность распространять Его Царство на земле.

Благодарю моего мужа Виталия за поддержку и вдохновение, многие стихи рождались с его участием.

Благодарю моих друзей - Елену Ванину, Диану Музыку, Инну Загарию - за то, что верили в меня и радовались первым моим шагам вместе со мной.

Благодарю Наталью Шевченко и Ольгу Романюк за огромную помощь в подготовке этой книги к изданию.

А также всех тех, кто поддерживал мои руки, когда они, порой, опускались; благодаря вашим свидетельствам и словам ободрения этот сборник стихов вышел в свет.

ДУША РАЗМЕРОМ С НЕБО
Наталья Марьян

Корректор: *Людмила Пшиник*
Редактор: *Ольга Романюк*
Художник: *Елена Ванина*
Оформление обложки: *Александр Матюшенок*

Содержание

От автора 9
Предисловие Натальи Шевченко 13

Поиск Души

1. Какое счастье - быть причиной... 19
2. Как много в нашей жизни есть дорог 20
3. Слишком заняты 21
4. Где Бог? 22
5. Только... 23
6. Не бойтесь, люди, к Богу приходить 24
7. Быть яркой - не в глаза бросаться 25
8. Попробуйте на вкус молитву 26
9. Каждый хочет быть любимым 27
10. Ты дорог для Меня! 29
11. Уборка в душе 31
12. Гнойный нарыв 33
13. Как просто говорить слова любви 35
14. Есть люди красивые сверху 36
15. Не все добро, что кажется добром 37
16. Лукавое время 39
17. Как часто? 40
18. Битое стекло 41

19. Целует солнце раненую землю	42
20. Ничего пред людьми не твори	44
21. Душа уходит	46
22. Призма окружения	47
23. Вера и Религия	48
24. Нам так удобно в темноте	50
25. Нахмурились брови неба	52
26. Роскошь	54
27. Не бойся	56
28. Разные души	57
29. Мои года - всего лишь цифры	60
30. Настоящая	61
31. Ты думаешь, что Бог лишь в храме	63
32. Смотри на мир глазами Бога	65
33. Душа размером с Небо	66
34. Не говори	68
35. Запах осени	69
36. С кем поведешься...	70
37. Я не верю	72
38. Как же трудно порой отпускать...	74
39. Не цепляй мое сердце	75
40. С чего ты взял?	76
41. Бессильный Бог	77
42 Учись	78
43. Крепость	79

В объятиях Бога

1. Покаяние	85
2. Ничего, мой Господь, не хочу без Тебя	88
3. Хотел бы ты?	89
4. Мы в ответе	90
5. Божьи часы	91
6. Не расточай	92
7. Если бы...	94
8. Мне в этом мире многого не надо	97
9. Какая разница, что будет в мире?	99
10. Путешествие	101
11. Как отыскать свое предназначенье	102
12. Ты рядом...	103
13. В ожидании встречи	105
14. Телефон	106
15. Толпа	110
16. Компромисс	112
17. Любовь позволила уйти	114
18. Христианин, ты в Бога веришь?	116
19. Как хорошо, Господь, к Тебе прийти	118
20. Настоящий Друг	119
21. Доверься Мне	121
22. Найти себя - нелегкая задача	122
23. Прости, Господь...	123
24. Не значит...	125

25. Страх Христа	126
26. Пусть гром гремит	127
27. Не Дед Мороз - причина Рождества	127
28. Заступитесь!	128
29. Поговори со мной	130
30. Как страшно...	131
31. Знаешь ли?	133
32. Спасибо, Бог, что не ответил	135
33. Невеста Царя	136
34. Не отойду от Тебя	139
35. А если бы сегодня...	141
36. Возьмите бремя Мое	144
37. Не угасай	147
38. Церковь-Мать	148
39. Ты влек меня	150
40. Пройдя по жизни полпути	151
41. Научись отпускать	152
42. Чем больше наполняемся мы Богом	153
43. Заповедь любви	154
44. Нет шанса на грех	157
45. Такое время	159
46. Посвящение	161
47. Просто так не кается душа	163
48. Что хочешь ты от Бога?	165
49. Если Бог за нас...	168
50. Бриллиант	169

51. Бог выше сил не даст	177
52. Идти за Господом	178
53. И нет другого	180
54. Последние две нотки	181
55. Хочу плодить	183
56. Доверяю Тебе	185
57. Помни всегда, что ты дочка Царя	186
58. Берег завета	187
59. Хочу быть заразной	189
60. Научи, Господь, сражаться	191
61. Корона сердца	193
62. Веянье тихого ветра	200
63. Стучи, Господь!	203
64. Зачем нам внешний макияж?	204
65. Мудрость в Божьих сокрыта руках	205
66. Мои отношения с Богом	206
67. Сердце, мое сердце	207
68. Имею против тебя	208
69. Поднимайся, церковь, на молитву	211
70. Да пошлет тебе Бог...	213
71. Божий шедевр	215
72. Так бывает со всяким	216
73. Камень преткновения	218
74. Продаются доски	220
75. На Земле ответа не найти	221
76. Гонорар	222

От автора

У вас было хоть однажды в жизни чувство, что вы стоите у края пропасти? Не важно, чем это состояние было вызвано: то ли заболел ваш близкий человек, то ли вас предал друг, то ли рухнула вся ваша прежняя жизнь, которую вы так тщательно выстраивали многие годы огромными усилиями.

А случалось вам переживать такое невероятное чувство радости и счастья, что, казалось, вы способны осчастливить все семь миллиардов жителей Земли?

Или, например, тоска. Вы знаете, как это тосковать по родным людям, которых больше не увидишь никогда? А многие ли из вас тоскуют по безвозвратному прошлому? Довольно неприятное чувство, способное вогнать человека в бесконечную депрессию.

Чувства... Чувства... Чувства...

Все мы созданы Богом с определенным набором чувств и эмоций. И я не поверю, что среди вас найдется хоть кто-то, кто ни разу в жизни не испытывал хотя бы одно чувство из этой многообразной палитры. Вот именно об этих переживаниях пойдет речь в сборнике стихов.

Должна предупредить, что я глубоко верующий человек, и Бог в моей жизни принимает самое активное участие. Поэтому, в моих стихах каждая строчка и каждое личное переживание пронизано высшей Небесной Силой!

Меня часто спрашивают, как я пишу стихи. Многие представляют себе, что поэтический дар – это некий голос, диктующий уже готовые стихи. Бывает и так. Как правило, такие стихи в редактировании уже не нуждаются. Но это случается не часто. В основном, я что-то в себе вынашиваю, переживаю, страдаю, анализирую. И однажды все эти эмоции выливаются в строки, порой корявые и неприглядные, которые нужно, как алмаз, еще долго шлифовать и обрамлять. Над некоторыми из них мне доводилось трудиться и по несколько лет. Невозможно вывести формулу проявления дара в человеке, это что-то необъяснимое и, в то же время, очень понятное в момент вдохновения.

По-разному рождаются стихи:
То взрыв эмоций нанесет штрихи,
То, как рефлекс, отдачей отдает,
То сердце стонет, плачет и поет.
Стихи - лишь способ душу развернуть.
Как бьется чистая вода сквозь муть,
Так пробивается стихов струя
Сквозь толстый слой суетного бытья.

*Но есть стихи, как песня в полусне,
Как будто кто-то шепчет в тишине,
И под диктовку движется рука,
Легко ложится ровная строка...
И что напишешь дальше - невдомек.
Не предсказать стремительный поток.
Лишь с удивлением читаешь то,
Что откровением небес дано.*

Открывая вам мою поэзию, я впускаю вас в мое сокровенное и святое место души, где по очереди рождались и жили те чувства, о которых я пишу в стихах. Я их переживала по- своему, поэтому совершенно не настаиваю, что все люди должны проходить определенные этапы своей жизни так же, как я. Но теплится во мне надежда, что для кого-то из вас мой опыт станет маленькой веревочкой спасения в трудные минуты жизни - спасением души. Надеюсь, что мой путь поиска и нахождения мира и радости поможет и вам не заблудиться в огромном мире чувств.

*-С любовью к вам, мои дорогие читатели,
Наталья Марьян-*

Предисловие

Трудно переоценить силу слов. Словом Господь сотворил этот мир. Словом наставляет, исцеляет и ободряет нас. Я считаю, что поэзия - это дар слова, это талант, данный свыше, для того, чтобы обеспечивать людей пищей для души. Если Слово Божье питает нашего духовного человека, то поэзия насыщает нашу душу.

Без вдохновения от Бога невозможно писать стихи. Бог дает это помазание, и мы ответственны перед Ним, как развиваем этот дар и как передаем его другим.

Стихи Натальи Марьян, безусловно, родились не просто так. Господь имеет план относительно их, и я уверена, Он найдет как и кому через них послужить. Мне нравится, что произведения Натальи, в большинстве своем, написаны в моменты каких-то сильных личных переживаний, они основаны на реальных событиях, а не просто на красивом слове и творческом подходе. Мне это близко, я много лет пишу стихи и знаю как это происходит, понимаю, что они могли появиться только в особых обстоятельствах жизни.

Ее размышления, откровения, молитвы перекликаются с моими. Каждое произведение, зачастую, выстрадано, а истины, пронизывающие его, изначально впитаны автором, а уже потом излиты на бумагу. В этом мы похожи.

Я поздравляю Наталью с ее первой книгой и желаю ей не останавливаться на достигнутом, продолжать писать и тем самым служить людям и Богу. Желаю, чтобы она приобрела множество читателей и продолжала развивать свой дар, потому что предела совершенствования в поэзии не существует.

В добрый путь!

-Наталья Шевченко-

Поиск Души

Какое счастье - быть причиной...

Какое счастье - быть причиной
Улыбки маленьких детей,
Такой забавной и наивной,
Той, что нас делает добрей.

Какое чудо - быть причиной
Для радости, зажегшей свет
В глазах бездомного мужчины,
В руках сжимающего хлеб.

Какая радость - быть причиной
Начала доброго пути.
И для кого-то стать лучиной,
Что бы зажечь огонь внутри.

Кому-то подарить надежду,
Кого-то верой вдохновить,
Кому-то дать свою одежду,
Кого-то просто накормить.

Не проходите, люди, мимо,
Собой дарите новый день.
Ведь это счастье - быть причиной,
Причиной добрых перемен!

10 Марта 2015

Как много в нашей жизни есть дорог

Как много в нашей жизни есть дорог,
Но суждено пройти одну, родную.
Шагнем на ту, что предназначил Бог,
Иль, споря с Ним, мы выберем другую.

Не знаем, куда путь нас заведет.
Не знаем, что в конце нас ожидает.
Лишь Бог Один все видит наперед
И знает, что в пути подстерегает.

Быть может, что шагая налегке,
Заблудимся в пути неосторожно.
А легкость та, что видна вдалеке,
Предстанет тупиком, вполне возможно.

А может быть, что трудный горный путь
Откроет нам просторы горизонта.
И полной грудью сможем мы вдохнуть,
И зазвенеть над миром песней звонко.

Не все добро, что кажется добром,
Поэтому, ты выбирай дорогу
Так, чтоб добро не обернулось злом.
Отдай свой путь ты только в руки Богу.

20 Августа 2013

Слишком заняты

Цветет весна, даря собой букеты
И аромат чарующе-хмельной,
А поутру звенящие куплеты...
Но люди слишком заняты собой.

Прощаясь, солнце расплескало краски,
И ветер подметает облака,
Узор рисует, придает окраску...
Но людям некогда поднять глаза.

Проснулись звезды, и манящий вечер
Всего на миг задержит чей-то взгляд.
И, не дослушав ночи красноречье,
В момент рассвета люди крепко спят...

Так каждый день рисуя новым тоном,
Проходит лето, осень и зима...
Вдруг, беготня в душе повисла стоном.
Остановиться бы... Да жизнь прошла...

20 Апреля 2015

Где Бог?

«Что посеет человек, то и пожнет»
Галатам 6:7

Ну почему Он допускает,
Чтобы невинный умирал?
Как можно выжить средь коррупций?
Зачем вообще Он нас создал?
И человек Творца ругает...
Но сам того не осознал,
Что, отказавшись от инструкций,
Которые Создатель дал,
Без Бога кое-как мир строит,
То в оправданье, то в предлог.
Сам рушит и опять возводит...
Ну, а виновен будет Бог...

19 Апреля 2015

Только...

Только теряя, ценить начинаем,
Что в жизни за должное принимаем.

Только споткнувшись, мы смотрим под ноги,
И осторожней идем по дороге.

Только упавши, увидеть нам можно,
Что на высотах понять невозможно.

Только тогда, когда нас укололи,
Мы понимаем другого до боли.

Только прощая, мы счастье находим,
Что через боль и борьбу к нам приходит.

Только тогда, когда встретишься с Богом,
Ты осознаешь бесценность земного.

Ведь встретившись с Ним, ты не сможешь судить!
Тогда, ближних поняв, научишься жить!

12 Октября 2011

Не бойтесь, люди, к Богу приходить

> «Если вы, будучи злы, умеете
> даяния добрые давать детям
> вашим, тем более Отец ваш Небесный
> даст блага просящим у Него.»
> *Матф 7:11*

Не бойтесь, люди, к Богу приходить,
Он не обманет искреннюю душу.
Когда вы хлеба будете просить,
Он камень не подсунет вам на ужин.
И вместо рыбы вам не даст змею,
Которая ужалит смертным ядом.
Не бойтесь, люди, к Богу приходить,
Но только искренне - вот все, что надо.

21 Октября 2015

Быть яркой - не в глаза бросаться

Быть яркой - это не в глаза бросаться,
Ловя среди прохожих комплимент.
Быть яркой - это в сердце так врезаться,
Чтоб чрез года запомнился момент.

Красивой быть - не значит современной.
Блистать не модным брендом - добротой.
Лишь красота, что вечно будет ценной,
Достойна называться красотой.

Богатство - это вовсе не про деньги,
Не прочный бизнес среди смуты дня.
И не имущество иль высший рейтинг.
Богатый тот, у кого есть семья!!!

Успех - не высшее образованье,
Не политический обширный взгляд,
Это не власть и не ее исканья.
Успешный тот, кто отыскал себя!

4 Декабря 2014

Попробуйте на вкус молитву

Попробуйте на вкус молитву.
Не ту молитву из затертых фраз,
А свежевыжатую в битве
Со вкусом слез и горечи подчас.

Отведайте молитву утром,
Желательно пораньше натощак.
Она вольется перламутром
И на губах оставит легкий смак.

Попробуйте молитву сердца,
Глотните ее искренней душой.
Она в мороз поможет греться.
А вкус ее чарующе-хмельной.

Попробуйте на вкус молитву,
Распробуйте на кончик языка.
Ко вкусу этому привыкнуть,
Наверно, невозможно никогда.

Молитва есть души потребность,
Она обогащает нас сполна,
Дарит нам мир и безмятежность.
А без молитвы - нищая душа.

3 Июня 2015

Каждый хочет быть любимым

Каждый хочет быть любимым,
Всякий хочет теплоты,
И, конечно, быть счастливым
Средь житейской суеты.

Кто ж за это нас осудит?
И виновны ли мы в том,
Что никто нас так не любит,
Как мечтаем мы тайком?

А мечтаем мы о многом
Для себя и о себе.
И, конечно же, в итоге
Обижаемся на всех.

Мы хотим, чтоб НАС любили,
Замечали в беготне,
Чтобы НАМ цветы дарили,
Нами бредили во сне.

Ну, а мы? Лишь позволяем
Нашим ближним нас любить.
О любви большой мечтаем,
Не умея послужить.

Вот поэтому счастливым
И не каждый может быть.
Мало в жизни быть любимым,
Счастье в том, чтобы любить.

18 Марта 2015

Ты дорог для Меня

> *«Но Бог Свою любовь к нам
> доказывает тем,
> что Христос умер за нас,
> когда мы были еще грешниками»*
> *Римлянам 5:8*

Ты дорог для Меня! Ты очень дорог!
Твой каждый вздох бесценен для Меня!
Я полюбил тебя, отдав так много...
И прежде сотворенья знал тебя!

Я видел тебя ночью в Гефсиманьи,
Когда в борьбе молился за тебя.
Когда за грех твой принял наказанье,
Я твое имя прошептал, любя.

Ты дорог для Меня! Всегда Я рядом,
Храню тебя, и сон твой берегу.
А ты? Ты избегаешь Меня взглядом,
Не ведая, как Я тебя люблю!

Я знаю все, что было в твоей жизни:
Предательство и боль твою сполна,
Когда оставил тебя самый ближний,
Я рядом был и утешал тебя!

Я рядом был, когда так одиноко
В тоске немой сжималась твоя грудь.
Когда изнемогал, Моя забота
Давала время, чтобы отдохнуть.

Я рядом был, и каждое мгновенье
Я говорил тебе, как Я люблю.
Но ты не чувствовал прикосновенье,
Все чаще повторяя: «почему?»

С тобой Я рядом и сейчас, как прежде.
Позволь Мне другом быть твоим всегда.
Доверься Мне и улыбнись с надеждой,
Я полюбил тебя навечно, навсегда!

С любовью Иисус

31 Января 2013

Уборка в душе

Посвети, Господь, в мою душу
Своим светом во все уголки.
Я хочу заглянуть поглубже,
Так увидеть, как видишь Ты.

Я готова начать уборку,
Надоел уже самообман...
Сил не много, но потихоньку
Я с Тобой разберу весь мой хлам.

Вытру пыль, смету паутину
И внутри станет легче дышать.
Осмотрюсь вокруг и прикину:
«Так, с чего ж мне уборку начать?»

Накопилось за жизнь немало,
Все вокруг говорит о былом:
Здесь не раз в тишине мечтала,
Вот осколки мечты за шкафом,

Вот и планы мои у стенки
До сих пор ждут удачный момент,
Вот карьеры моей ступеньки
Заколочены. Выхода нет.

Память, сложенная в альбомы,
Затерялась по дальним шкафам.
Зато дни, что с болью знакомы,
Четко выставлены по местам.

Откровенность забилась в угол,
А за ней робко спряталась боль,
Непрощенье сплеталось в узел
И душило до смерти любовь.

И от слез отсырели стены,
А обида, как плесень, вросла...
Как же я, не видя проблемы,
До сих пор равнодушно жила?

Я готова, Господь, наполни
Мою душу небесной водой,
Чтоб размякли сухие корни,
Чтобы вымести ветхость долой.

Помоги не жалеть осколки,
Из-за них больно дальше шагать.
Помоги все очистить полки,
Чтоб для свежести место отдать.

Подскажи, что еще не открыла,
Куда свет Твой еще не проник?
Может, что в душе пропустила?
Может, где закопала тайник?

Только Ты просветишь умело
И напишешь чистейший сюжет.
Мне давно надо было сделать
Вот такую уборку в душе.

1 Мая 2016

Гнойный нарыв

Бывает боль, что оставляет шрамы,
Они как память пережитых лет.
Бывает боль, что вновь наносит раны,
Преподнося болезненный букет.

Такую боль нам трудно обнаружить,
Но как порой она мешает жить.
Вулканом рвется эта боль наружу,
Если случайно рану зацепить.

Тогда весь гной, что нарывал годами
Или таился в глубине души,
Прикрытый робко нашими руками,
Зловоньем льется, и душа дрожит.

Вновь поднимается обиды пена,
И актуальны прошлого слова.
И невозможно вырваться из плена.
Коль слезы душат, значит боль жива.

Но есть одно, чего боится рана -
Быть вскрытой и прочищенной от зла.
Ведь искренней молитвой без обмана
Обида прижигается дотла.

Тогда приходит в душу обновленье,
И не в одну, а в целое родство.
Так много в жизни нам дает прощенье,
Но как оно дается нелегко.

И без него мы томимся годами,
И мучаем себя и всех родных,
Завязываем крепкими узлами
И точки ставим вместо запятых.

И кровные становятся далеки,
И дети, как чужие меж собой,
Не понимая даже, где истоки
У холода, где корень роковой.

Не закрывайте марлевой повязкой
И не старайтесь боль затушевать.
Оскал не прячьте под милейшей маской.
Давайте постараемся понять.

Понять все непонятное годами,
Простить ошибки, отпустить всю боль.
Чтоб, вместо отчужденья, между нами
Могла быть просто кровная любовь.

19 Мая 2014

Как просто говорить слова любви

Как просто говорить слова любви,
Когда не знаем толком их значенья.
Когда за подлинные чувства мы
Принять готовы наши увлеченья.

Легко клянемся в верности своей,
Когда не знаем силу искушений,
Но станем мы действительно сильней,
Когда переживем эти мгновенья.

Так просто говорить и обещать,
И заверять всех в настоящей дружбе,
Когда не знаем, как это - прощать,
И как быть рядом, когда другу нужно.

О воспитаньи много говорим,
Когда своих детей мы не имеем.
И, возмущаясь на чужих, шумим,
Пока свои сыны не повзрослели.

Мы, утешая ближних, повторим,
Что время - лучший лекарь нашей доли,
Не зная, что от ран мы не кричим
Лишь потому, что привыкаем к боли.

На самом деле, трудно обещать,
Когда мы знаем цену обещаньям.
Еще труднее нам, любя, прощать,
Доказывая практикой признанья.

Поэтому, подумай прежде слов,
Ты оценил ли жизнью их значенье?
Словами не бросай свою любовь,
Не пережив ее прикосновенье.

4 Февраля 2014

Есть люди красивые сверху

Есть люди красивые сверху,
Как шарик надуты, пусты.
Их носит частенько по ветру
В объятьях слепой суеты.

Беги от таких ты подальше,
В их близости нет теплоты,
Сдуваясь некстати, пропляшут
Прощальный кадриль пустоты.

22 Июля 2014

Не все добро, что кажется добром

Не все то зло, что больно сердце ранит.
Не все добро, что кажется добром.
Когда-нибудь тьма светом для нас станет,
Но мы поймем все это лишь потом.

Ведь не секрет, что тот, кто знал разлуку,
Намного больше ценит встречи миг.
И тот, кто в жизни знает горя муку,
Переживает радость за двоих.

Кто пережил предательство, измену,
Тот ценит верность в дружбе и в делах.
Свободу же оценит только пленный,
Познавший рабства сильный жгучий страх.

И радость жизни только тот познает,
Кто близко к своей смерти подходил.
А дружбой дорожит и все прощает,
Кто одиночество в душе таил.

Родных оценит, кто по ним скучает,
Кого судьба забросит в дальний край.
И к сердцу боль чужую принимает,
Кто сам чрез муки ада прошагал.

И вся та боль, пронзившая нам душу,
Однажды даст нам видеть мир другим,
А наше сердце станет чище, лучше,
Поэтому за все благодари!!!

Ведь осознаем все, что мы встречали,
Не все добро, казалось что добром...
И даже если в сердце нашем раны,
Во благо все. Когда-нибудь поймем...

24 Августа 2013

Лукавое время

Последнее время, кривые дороги...
Лукавство и лесть захватили так многих.
Все реже встречается четкий ответ,
Все чаще вилянье: ни да и ни нет...

Лукавое время - полно компромиссов
И выгодных сделок, и просто капризов.
Улыбки на лицах, а в сердце оскал,
В приветствии рук за спиною кинжал.

Лукавое время, и дьявол хохочет,
Он день преподносит обрывками ночи.
Окутала Истину наглая ложь,
И праведный стал на изгоя похож.

Лукавое время. Лишь ценится внешность,
По ней измеряют духовность поспешно,
По ней же решают, кто благословен...
А Божья оценка другая совсем.

Не верьте ушам, не судите по взгляду,
Достаточно в душах смертельного яду.
Построже и чаще смотрите в себя!
Лукавое время коварно, друзья!

19 Мая 2016

Как часто?

> *«Всякий видит, чем ты кажешься,*
> *немногие чувствуют,*
> *кто ты на самом деле»*
> *-Никколо Макиавелли-*

Как часто, сами не осознавая,
Мы прячем боль, которую скрываем
И от себя, и от своих друзей?
И хочется забыть все поскорей.

Как часто, вместо искреннего вздоха,
Мы не хотим признать, что в жизни плохо?
Нам легче улыбнуться и сказать:
«Да, все нормально, лучше не бывать».

И чем усерднее мы это прячем,
Тем непосильнее встает задача.
И кажется, со временем пройдет,
Но рана в сердце так не заживет.

И, слава Богу, что друзья бывают,
Которые по взгляду все читают.
Которые, в молчаньи слыша крик,
Все понимают в тот же самый миг.

Не прячьте боль под масками веселья,
Когда так нужен пластырь исцеленья.
Не убегайте сами от себя,
Вы убежите только в никуда.

29 Мая 2013

Битое стекло

Что может быть страшнее адской муки
Для тех, кто знает Божие тепло?
Страшнее нет потери, чем разлука.
Без Бога жизнь, как битое стекло.

Я без Него шагаю по осколкам,
И каждый шаг врезается в мой дух.
От боли шаткая моя походка...
И в страхе напрягается мой слух...

Без Бога жизнь - водовороты в бездну.
Без Бога одиноко средь друзей.
Но как бывает, все-таки, полезно
Побыть одной хоть миг среди смертей.

И только с Ним проходят мои ломки,
Как воздух наполняет Он Собой.
И я уже не чувствую осколки,
И надышаться не могу порой.

13 Апреля 2014

Целует солнце раненую землю

> «...шатается земля, как пьяный,
> и качается, как колыбель,
> и беззаконие ее тяготеет над ней...»
> Исаия 24:20

Целует солнце раненую землю,
Ласкает небо бризом по воде.
Укутавшись туманом, утро дремлет,
И птичье пенье слышно кое-где.

Еще немного и проснутся люди,
Чтоб снова землю-матушку бомбить.
А для нее один вопрос, по сути:
«Детей своих как снова помирить?»

И раненая думает о детях
В минуты этой сладкой тишины,
Ей скинуть бы с себя машины эти,
Но дети ухватились за рули.

Ей бы понять, зачем они дерутся?
Ради каких достойнейших идей
Потоком человечьи слезы льются,
И стонут души бывших матерей?

Со щедростью по осени кормила,
Давала хлеб и воду для людей.
Чему она, как мать, не научила?
Ей не понять жестоких сыновей.

Избитая лежит вся в переломах,
Стыдом покрыта за своих детей.
Целует солнце лик ее позора,
И гладит ветер нежностью своей.

17 Апреля 2015

Ничего пред людьми не твори

высказывания матери Терезы

«И все, что делаете, делайте от души, как для Господа, а не для человеков»
Колоссянам 3:23

Люди часто бывают грубыми,
И совсем не умеют любить.
Часто люди недружелюбные,
Все равно ты им должен простить.

Если будешь ты добр и отзывчив,
Люди скажут, что ты эгоист,
Ради выгоды этот порывчик...
А ты просто о них помолись.

Если сможешь с людьми жить открыто,
Обмануть тебя смогут они.
Но средь этого трудного быта
Думай честно, как прежде живи.

Коль судьба твоя будет счастлива,
И в спокойствии сможешь ты жить -
Будет зависть следить похотливо...
Постарайся любовь подарить.

Делай доброе дело сегодня,
Люди завтра забудут его.
Ты ведь знаешь, что все перед Богом,
Не смотри на них, делай добро.

Отдай людям самое лучшее,
Что имеешь на этой земле,
Пусть не ценят в жизни радушие,
Все равно отдавай для людей.

Ты увидишь, в конечном итоге,
Все мотивы оценит твой Бог:
Как идешь ты по жизни дороге,
Что ты думаешь, как ты живешь.

Что ты делаешь, все ль перед Богом?
Или, может быть, перед людьми?
Проверяй ты себя очень строго,
Ничего пред людьми не твори!

15 Июля 2002

Душа уходит

*«Бояться надо не смерти,
а пустой жизни»
-Бертольд Брехт-*

Душа уходит, поднимаясь в небо.
Она сыта заботами земли.
И этот миг - желанная победа.
Победа не снаружи, а внутри.

Душа уходит, оставляя тело.
И, расправляя крыльев крепких взмах,
Вмиг сбросит все, что мучило, болело
И что, по слову Бога, станет прах.

Душа встречает новое начало;
Она от Бога и к Нему идет.
Она всю жизнь об этом тосковала,
Готовилась как будто бы на взлет.

Вот так уходят праведные души,
Насыщенные жизнью на земле.
Шагают они верою в мир лучший,
Неся обетование в себе.

Душа уходит, поднимаясь в небо,
Не властно притяжение земли.
А этот миг - желанная победа.
Победа не снаружи, а внутри.

22 Декабря 2015

Призма окружения

Средь глупости разумный, как изгой.
Средь подлости и преданный - чужой.
Средь жадности и жертвенность глупа.
Средь зла невыносима доброта.

Среди обмана честность тяжела.
Средь наглости порядочность пуста.
Среди уродства красота страшна.
И средь разврата мерзка чистота...

Не от того ли так беднеет мир,
И дешевеет наш ориентир,
Что вымирает даже доброта,
И исчезает скромность, чистота?

Все это дико нам уже давно,
Ведь наше зрение искажено.
Не верим в бескорыстные дела,
Подвоха ищем в вежливых словах,

Не доверяем в жизни никому
И даже в детях видим больше тьму.
Все потому, что смотрим мы на то
Чрез призму окруженья своего.

30 Ноября 2016

Вера и Религия

Вера и Религия повстречались в храме.
Всех влекла Религия пышностью своей.
Видом благочестия не было ей равных,
Все казалось правильным, все было при ней.

Вера старомодная не смотрелась яркой,
Центром понимания не была она.
Вид и поведение были всем загадкой,
Только неизменные яркие глаза...

И всегда упреками веяло на Веру
От религиозного «правильного Я»:
«Ты такая ж странная - все в своей манере.
Люди всюду приняли с радостью меня.

А ты так же медленно возишься с сердцами?
Так же сеешь тщательно как и с давних пор?
Не пойму, зачем тебе поливать слезами
И возиться с семенем? Это полный вздор!

Все же, непонятная ты нормальным людям:
Там, где люди смелые, ты скромна, как тень...
Ну, зачем так делаешь, что тебя все судят?
И кидаться в крайности как тебе не лень?

То ты как блаженная, то ревешь не в тему,
То ты вся смиренная, то летишь в огонь...
От твоей свободы мне лишь одни проблемы.
Все же справедливо Бог утвердил закон.»

С грустною улыбкою Вера отвечала:
«Псевдоним ты выбрала, скрыв свое лицо.
К сожаленью, внешностью мы похожи стали,
Люди тебя приняли за меня давно.

Мое семя медленно прорастает в душах,
Потому я бережно так храню его.
А ты соблазняешь их и то семя глушишь.
Но когда все вырастет, плод дает оно.

Ты же только внешнее изменяешь в людях,
Безразлична внутренность для тебя давно.
Потому случается в суетливых буднях -
Верой прикрываются, промышляя зло.

А я безграничная, потому что Божья,
Его волю светлую я всегда ищу.
Потому не понята духом придорожья.
Среди смеха общего часто я грущу.

И чужая часто я средь своих бываю.
Побивали палками - думали мертва...
И твои поклонники часто презирают.
Но я настоящая и еще жива!!!»

24 Апреля 2014

Нам так удобно в темноте

> «Ибо всякий, делающий злое,
> ненавидит свет и не идет к свету,
> чтобы не обличились дела его,
> потомучто они злы,
> а поступающий по правде
> идет к свету...»
> от Иоанна 3:20, 21

Нам так удобно в темноте
И так привычно в полудреме.
Нас раздражает Божий свет,
И мы сжимаемся в объеме.

И, отлетая от Него,
Мы прячемся в привычном месте...
Нам неприятно от того,
Что правда Божия нелестна.

Мы не хотим всю правду знать,
В грехе не видим мы проблемы,
Ведь надо будет все менять:
Привычки, цели, даже темы...

А нам комфортно в забытьи,
И легче обвинять кого-то.
Живя мечтами суеты,
Мы так обмануты жестоко.

Но, чтоб проблему увидать,
Нам надо выходить ко свету.
И в прятки с Богом не играть,
А доверять Ему секреты.

Пусть горька правда иногда
Оставит привкус неприятный.
Но, проглотив ее, душа
Способна видеть, слышать внятно.

4 Ноября 2014

Нахмурились брови неба

*«Ибо возмездие за грех - смерть,
а дар Божий - жизнь вечная
во Христе Иисусе»
Римлянам 6:23*

Сжимается подсознанье...
В душе бушует невзгода
Греховного осознанья.
Ей вторит даже погода:

Нахмурились брови Неба,
И тучи плывут иначе.
То рядом совсем, то где-то,
То громом гремят, то плачут.

Как будто все то, что в тайне,
Известно. Небо все знает.
И хмурится не случайно...
Ведь грех с Отцом разделяет.

Печально взглянуть на Небо
И в тучах увидеть пропасть.
Молчание хуже гнева,
И страх навевает робость.

Страшнее всего не строгость,
И не Твое наказанье.
Страшнее моя убогость,
Греховности оправданье.

Страшнее всего остаться
Мне без общенья с Тобою.
Грехом разорвать объятья,
Лишая себя покоя.

Поэтому очень тихо
Шепчу: «Прости меня, Боже,
Прости мне глупую прихоть,
Ты для меня всех дороже.

Я без Тебя лишь растенье,
Что сохнет с порывом ветра.
Я жду Твоего прощенья.
Я жду Твоего ответа.

Ведь Ты - мое вдохновенье,
Моя мечта и опора,
Нежное переплетенье
Рук и дыханья, и взора».

2 Мая 2014

Роскошь

> «Слишком много людей тратят деньги,
> которых они не заработали,
> на вещи, которые им не нужны,
> только для того, чтобы впечатлить людей,
> которые им не нравятся.»
> -Уилл Смит-

А вы попробуйте себе позволить
Роскошно жить и роскошью дышать.
Попробуйте же шиковать на воле,
Да так, как мало может кто познать.

Роскошно - это вовсе не богатство,
Красивый дом иль яхта под окном.
Роскошно - когда в жизни нет препятствий,
Чтобы любимым вместе быть, вдвоем.

Роскошно - когда все родные рядом,
А в доме мир и звонкий смех детей.
Когда от близких одобренье взглядом
Дороже восхищения людей.

Роскошно - это вовсе не доходы
Превыше всех знакомых и родни.
Роскошно, коль работа твоя - хобби,
И с радостью проводишь жизни дни.

Роскошно - когда вещи выбирая,
Не смотришь ты на моду иль на бренд,
Удобно по погоде одеваясь,
Не ловишь взглядом чей-то комплимент.

Роскошно - не престижные курорты,
Круизы и шикарные места.
А круто, если ты шагаешь версты,
Но лишь туда, куда летит душа.

Роскошно, когда мнение чужое
Не отразится в выборе твоем,
Когда ты смело станешь за святое
Перед толпой, оставшись при своем.

Роскошно - не бояться сказать правду
В лицо, не обсуждая за глаза.
Шикарно, когда истина в награду,
Когда сама с собой честна душа.

А можешь в жизни ты себе позволить
Вот так роскошничать и шиковать?
Самой собою быть, свободной в воле
И выбор свой на суд не выставлять.

Уверенность свою черпать лишь в Боге,
И одобренье ждать не от друзей.
Вот это настоящий шик в итоге,
Ведь роскошь не зависит от людей!

30 Января 2014

Не бойся

Ты не бойся приходить к Отцу,
Как бы сердцу ни было бы больно.
Боль твоя известна вся Творцу,
Ты же вся сжимаешься невольно.

Ты не бойся, только честной будь,
Изливая сердце без остатка.
Расскажи, как больно давит грудь
От того, что без Него несладко.

Расскажи, как ты устала врать,
Говоря себе, что все нормально.
И сухие крошки подбирать,
Но не приходить принципиально.

Расскажи, как зависти туман
Ослепил тебя до грубой злости,
Когда рядом юный мальчуган
Обогнал тебя в духовном росте.

Расскажи, как заскучала ты
За Его присутствием незримым.
Как же не хватает теплоты
И объятий тех неповторимых.

Ты не бойся подойти к Нему,
Не отвергнет, все Он понимает.
Будет рад приходу твоему,
Ведь тебе так Бога не хватает!!!

21 Ноября 2013

Разные души

> «Мелкие вещи
> затрагивают мелкие души»
> -Дизраэли Бенджамин-

В мире житейском есть разные души:
Кто-то как море, а кто-то как лужи,
Кто океанской красой привлекает,
Кто-то болотною тиной сверкает.

Тот, кто как лужа, так мелок собою,
Полнится только лишь сточной водою.
Все собирает в себе без разбору,
И богатеет в дождливую пору.

Стоит кому-то случайно наехать,
Будет ближайшим совсем не до смеха.
Грязные брызги холодной воды -
Есть отражение мелкой души.

Кто - как болото, не так уже мелок,
Можно вечерний увидеть оттенок,
Можно послушать лягушек трещанье,
Что именуется песней прощанья.

Только все доброе тиной покрыто,
Высох источник иль грязью забито.
Сильный же запах прохожих пугает,
И обходить стороной заставляет.

Но океан нас влечет красотою!
Манит простором, своей глубиною,
Миром подводным и рифом кораллов,
И неземной тишиною причалов.

Брошенный камень небрежной рукою
Он поглощает, покрыв сам собою.
Все, что попало под воду с отливом,
Он покрывает кораллом игриво.

И, чем усердней в него все кидают,
Тем красивее внутри он сияет.
Он не протухнет, источников много,
Но очищается снова и снова.

Ты загляни в свой источник скорее.
Если забит он, то быстро темнеет.
Доброе все покрывается тиной,
Сердце становится каменной льдиной.

Может, и вовсе источника нету,
А собираешь всю грязь ты по свету,
И богатеешь отбросами жизни.
Щедро друзьям достаются лишь брызги.

Мы без источника - мертвые души.
Пусть даже лучше других мы и глубже,
Но глубину только камень измерит,
И на зловоние сердце проверит.

Только Творец - наш источник навеки!
Можно лишь с Ним из болот извлечь реки
Те, что впадают в простор океана,
И так чаруют красой без изъяна.

Только лишь Им, наполняясь объемно,
Мы поглощаем и камни, и бревна,
И превращаем их в рифы кораллов,
И в красоту всевозможных кристаллов!

17 Января 2014

Мои года - всего лишь цифры

Мои года - это всего лишь цифры,
По ним вы не судите возраст мой.
Пока сплетаются любовь и рифмы,
Душа навеки будет молодой.

Мои года - лишь сумма приключений,
Задач решений, поиска пути,
Ошибок и уроков повторенье,
Чтоб жизненную мудрость обрести.

Я все еще учусь, сдаю зачеты,
Переплетая с практикой урок.
Мои года - это паденья, взлеты
И теорема счастья между строк.

Я не считаю цифры. Эта сумма
Не значит ровным счетом ничего.
Ведь главное, средь жизненного шума
Понять, зачем живу и для кого.

6 Июня 2014

Настоящая

Настоящая радость -
Когда праздник затих,
А ты в трудностях жизни
Зажигаешь других.

Настоящая вера -
Когда жгучий туман
Перекрыл все дороги,
А ты веришь словам.

Настоящая храбрость -
Когда страшно внутри,
Но ты все же шагаешь
На огонь впереди.

Настоящая скромность -
Когда в жизни успех,
А ты хвалишься Богом,
Не стесняясь при всех.

Настоящая кротость -
Когда сила и власть
Растоптать может многих,
А ты в силах смолчать.

Настоящая сила -
Если в море тревог
На Христа уповаешь,
Тогда силу даст Бог.

Ведь Господь по-другому
Видит силу и страх.
То, что ценится в людях,
Низко в Божьих глазах.

То, что люди считают
Часто слабостью ног,
Знай, на небе оценит
Драгоценностью Бог!

8 Марта 2014

Ты думаешь, что Бог лишь в храме

> «Настанет время и настало уже,
> когда истинные поклонники
> будут поклоняться Отцу в духе и истине,
> ибо таких поклонников Отец ищет Себе»
> от Иоанна 4:23

Ты думаешь, что Бог лишь в храме,
И помолиться ходишь ты туда.
А Он везде... Его дыханье
Повсюду, словно воздух и вода.

Все Им живет, и вся планета
Вдыхает воздух Божьего лица.
Он слышит шепот человека
И так же крик безумный гордеца.

Он видит каждое движенье,
Твою усталость, спешку по утрам.
Ему известны все стремленья,
И то, что о себе не знаешь сам.

Зачем заученные фразы
Твоих молитв? К чему дыханье свеч?
От сердца пара слов несвязных
Дороже, чем торжественная речь.

Господь ответит. Все, что нужно -
Лишь сердце честное с самим собой.
Бог не посмотрит равнодушно,
А небосвод откроет над тобой.

5 Ноября 2014

Смотри на мир глазами Бога

Смотри на мир глазами Бога,
Его обширным взглядом с высоты.
Людей же не суди ты строго,
Попробуй их увидеть изнутри.

Попробуй разглядеть тревоги,
Их раны, боль, последствия греха.
Попробуй их понять немного,
И оправдать их жизнь хотя б слегка.

Попробуй сострадать паденью.
Смотри, как Бог смотрел на таковых.
Твой взгляд способен исцеленье,
Надежду подарить средь бурь земных.

Слова, порой, сильней бальзама,
Но в дефиците добрые слова.
Их жаждем приложить на раны,
Но говорить способны мы едва.

Взгляни вокруг глазами Бога,
Прочувствуй своим сердцем Его боль.
И языком своим не трогай
Тех, за кого текла Святая Кровь.

10 Августа 2014

Душа размером с небо

Душа великая, как небо,
Непостижимо глубока.
Как горизонты без предела...
С рожденья в нас поселена.

Ей тесно в нас и неуютно,
Она как пленница в груди
И ввысь зовет ежеминутно,
И пустотой звенит внутри.

Она болит, порой рыдает,
Скулит и стонет по ночам,
Как будто вечно голодает
И тянет нас по сторонам.

И мы скитаемся по жизни,
Стараясь голод утолить.
И кто-то хочет новый бизнес,
А кто-то деточек родить.

Кого-то тянет мир постыдный,
Кого-то просто в огород.
И кто-то строит дом солидный,
А кто-то под забором пьет...

И, кто чем может, заполняет
Свою душевную тоску.
А коль не в силах, заливает,
Чтоб как-то спрятать пустоту.

Ну, а душа размером с небо?
Ей недостаточно земли...
Она не может стать ей хлебом
И жажду утолить в груди.

Душа бессмертна. К вечным далям
Она стремится в свой исток.
И что б мы ей ни предлагали,
Ее заполнит только Бог.

14 Сентября 2016

Не говори...

Не говори, что так бывает:
Господь оставил и забыл...
Бог никогда не оставляет,
Если Ему ты верен был.

Не говори, что так бывает:
Не понимаешь ничего...
Бог очень четко отвечает,
Когда ты спросишь у Него.

Не говори, что так бывает:
Не слышишь ты Господних слов...
Бог говорит и наставляет,
Когда ты слушаться готов.

Не говори, что так бывает:
Воюешь сам среди теней...
Господь за нас врагов сражает
На территории Своей.

Не говори, что так бывает:
Твой грех от Господа сокрыт...
Наш Бог не сразу поражает,
А терпит наш позор и стыд.

Не говори, что так бывает:
Бог захотел, чтоб ты так жил...
Обильно Бог благословляет,
Коль вместо смерти выбрал жизнь.

Не говори, что так бывает:
Ему нет дела до тебя...
Бог никого не заставляет,
Он просто ждет тебя, любя.

28 Марта 2014

Запах осени

Снова пахнет осенью под моим окном,
И на землю капает дождик серебром.
Золотом покроется величавый сад,
С ветром в танце кружится первый листопад.
А за ним все тянется шлейфом по утру.
Я дыханье осени радостно вдохну...
Говорят, что в осени лишь одна тоска.
Только там, где прячется в сердце пустота...

29 Сентября 2014

С кем поведешься...

*«Ты лучше голодай,
чем что попало есть,
и лучше будь один,
чем вместе с кем попало»*
-Омар Хайям-

«С кем поведешься,
От того наберешься» -
Житейская мудрость проста!
И хоть ты не хочешь,
Но так же бормочешь,
Коль рядом бормочут всегда.

Коль рядышком судят,
И ты с «правосудьем»
Поверхностно смотришь на всех.
Когда со взрывною
Живешь ты волною,
Такой же имеешь успех.

Общаешься с кротким -
Меняешь походку,
Спокойнее смотришь на мир.
Привычки заразны
(Хоть, вроде, не важны),
Но видно, с кем рядышком жил.

Года все умножат,
И очень похожи
Становятся часто друзья.
Но чаще плохое
Умножится втрое,
Чем добрая ляжет стезя.

А если ты с Богом
Общаешься много,
Похожим становишься с Ним:
Меняются взгляды,
Характер, наряды,
По жизни шагаешь другим.

«С кем поведешься,
От того наберешься» -
Житейская мудрость проста.
Вы с Богом водитесь,
От Бога учитесь,
Чтоб чистою стала душа.

10 Ноября 2014

Я не верю

Скажи, ты хочешь жить так дальше,
Плыть по теченью своему,
Доверившись суетной фальши,
А после обвинять судьбу?

Не надоело жить без Бога,
Метаться, как бездомный пес,
Искать вновь цели и дороги,
И жизнь тянуть наперекос?

Ты не устал идти вслепую,
Не видя смысла пред собой?
И в колею попав кривую,
По кругу бродишь день-деньской.

Смотри, Бог вышел на дорогу,
Чтоб развернуть твои шаги...
Чего добился ты без Бога?
Хоть сам себе сейчас не лги!

Не верю я, что равнодушно
Ты отвернешься от любви,
И что она тебе не нужна,
Что безразличен ты внутри.

Не верю, что ты счастлив будешь
Без Бога на своем пути.
Что все слова мои забудешь,
И что так легче жизнь пройти.

Поверь, одна дорога к счастью,
И к Богу только один путь -
Чрез Сына Божьего распятье
Познаешь жизни этой суть.

Другой нет правды на планете
И нет другой такой любви.
Душа твоя так жаждет света!
Попробуй этот путь, пойди...

Шагни на новую дорогу,
Не бойся сделать шаг вперед.
Доверься в жизни этой Богу,
Он за руку тебя ведет!

2 Февраля 2014

Как же трудно порой отпускать...

Как же трудно порой отпускать...
Сердце просто не в силах молчать,
И с душой заключивши завет,
Спорить с разумом дали обет.

Аргументов собрали сполна,
Поднимая все факты со дна.
Только разум все доводы вмиг
Зачеркнул, растоптавши двоих.

Разум, сердце мое пожалей,
И слова подбери как елей.
Подыщи компромиссы свои,
Чтоб устроило сразу двоих.

Чтобы поняло сердце мое
И без боли своей зажило.
Чтоб расслабились мышцы мечты,
Развязавши тугие узлы.

Отпустить ведь не значит прогнать.
Это значит как есть все принять
И позволить другому решить,
А насколько нам близкими быть.

11 Июня 2014

Не цепляй мое сердце

Не цепляй мое сердце
Обрывками лета,
И лучами общенья не грей.
Не влеки в откровенность.
Не жду я ответов.
И не надо, меня не жалей.

Не роняй мимолетом
Душевные фразы.
Ты не знаешь, что ими творишь.
После лета приходят
Холодные фазы,
И по-зимнему ты говоришь...

Не хочу и не надо
Мне бабьего лета!
Если холод, то пусть идет снег.
Так же жутки морозы
Для почек согретых...
А в груди замерзает мой смех...

Не цепляй мое сердце
Обрывками лета.
Я привыкну к зиме без тепла.
По погоде оденусь
И буду согрета,
Надо нам пережить холода...

10 Июня 2014

С чего ты взял?

С чего ты взял, что жизнь должна вертеться
Вокруг тебя в просторах бытия?
С чего решил, что птицам должно петься,
И ты достоин слушать соловья?

С чего ты взял, что должен видеть небо,
Ходить ногами по сырой земле,
Здоровым быть и вволю кушать хлеба?
Кто в уши это нашептал тебе?

Не оттого ль, что так было годами,
Решил ты, что должно быть так всегда?
Вот почему нет времени ночами
Взглянуть на звезды, днем на облака.

Вот почему ругаешь непогоду,
Не зная цену капелькам дождя.
Вдыхаешь воздух, радость и свободу,
При этом злишься на остывший чай.

Не оттого ли жизни быт так жалок?
Все потому, что перестал ценить
То, что судьбой дано тебе в подарок,
За что не надо ни рубля платить.

Ты оглянись хотя бы на мгновенье
И честным взглядом в небо посмотри.
Освободись от сонного забвенья,
Ведь ты богат! За все благодари!!!

21 Января 2015

Бессильный Бог

Могучий Бог порой бессилен,
И власть Его безвластна на земле.
Он не врывается насильно,
Тебя не сделает рабом Себе.

И принцип этот соблюдая,
Он уважает каждый выбор твой.
Хоть и молчит, переживая,
Коль выбираешь путь себе кривой.

Стучит Он в жизнь твою тихонько,
Когда в проблемах к небу ты скулишь,
Когда последствий в жизни столько,
Что сам не знаешь, прав или косишь.

Средь громких криков модных бредней
Не отыскать и не найти ответ.
Потише сделай звук соседей,
Тогда услышишь Господа совет.

Бог не дает советы в спину,
Когда ты сам решаешь что и как.
Хотя Он знает все причины,
И что ты в жизни делаешь не так.

Бессильны Божии желанья
Помочь тебе восстановить мосты.
Напрасны все Его старанья,
Не в силах Бог, если не хочешь ты!

15 Мая 2014

Учись

Учись от жизни ничего не ждать,
Из-за прогноза не судить погоду,
А новый день улыбкою встречать,
Благодаря за жизнь и за свободу.

Учись от близких многого не ждать,
Никто ничем нам в жизни не обязан.
Учись, какие есть, их принимать,
С любовью снисходя им раз за разом.

Так легче радоваться и любить.
И разочарование на взлете
Не в силах наши крылья обломить,
И горечь их не подобьет в полете.

Не остановит буря на пути,
Ей не под силу перекрыть дыханье.
Препятствует погода... изнутри.
И слишком уж большие ожиданья.

15 октября 2016

Крепость

Порой от слов, как от пожара,
Нас обжигает до костей.
И задыхаясь от угара,
Мы убегаем от людей.

Порой друзья, как та солома,
Не опереться, не раздать...
Нам боль предательства знакома.
И горечь эту не сдержать.

Порой мы средь своих чужие,
И непонятно почему,
Но отношенья непростые
Толкают иногда к тому,

Что мы от страха иль от боли,
Сжимаясь, прячемся скорей,
И постепенно строим... строим...
Мы стены крепости своей.

Со всех сторон отгородивши,
Растет стена и ввысь, и вширь.
И сердце на замок закрывши,
Уходим вглубь, как в монастырь.

А в этой крепости мы прячем
Свои обиды, боль и зло,
Сомненья, трудные задачи
И все, что жизнью занесло.

Нам кажется, так безопасней,
Подальше проще как-то жить.
Но с каждым днем мы все несчастней,
И это сложно обьяснить.

Лишь осознаешь, что ты пленный
Заложник крепости большой,
Когда построенные стены
Нам вдруг становятся тюрьмой.

И в одиночество одеты
С обидой горькой у груди
Не замечаем, как при этом
Нас распирает изнутри.

Как капля горечи, расплывшись,
До безграничности растет.
Как ложка дегтя, просочившись,
Нам, разъедая, сердце жжет.

И мы уже совсем другие.
Уже от нас друзья бегут.
Мы, защищаясь, стали злыми,
И наш язык стал словно кнут.

А сердце? Сердце хочет мира,
Покоя просит и любви.
Сменить бы нам ориентиры,
Оставив крепости свои.

Прийти бы к Богу, помолиться,
Простить и отпустить все зло.
И друг для друга бы открыться,
Чтоб стало меньше горьких слов.

Чтоб не было душевной стужи,
А в отношеньях теплота.
Ведь каждый ценен, каждый нужен
И каждый дорог для Христа.

1 февраля 2017

В объятьях Бога

Покаяние

Я много лет молчала...
        Прости меня, мой Бог,
Что дар Твой закопала
        На очень долгий срок.

Боясь чужих насмешек,
        Не слушала Тебя.
Я зарывалась глубже,
        От Правды уходя.

Все реже стала слышать
        Поэзии мотив.
Умолкло вдохновенье,
        Затих и перелив...

И вот, совсем недавно
        Я вспомнила стихи,
Которые когда-то
        Писала от руки.

Взяла тетрадь ту в руки
        И начала читать...
И, вдруг, меня покрыла
        Святая Благодать!

Душа моя дрожала
        В присутствии Судьи,
Но Бог Святой не строго
        Со мной заговорил:

«Я дал тебе от Духа
        Прекраснейший талант,
Но ты его зарыла...
        Не это был Мой план.

Прими, что Богом дано.
        Пиши и не молчи!
Работа вся за Мною,
        Ты только говори».

Я зарыдала горько:
        «Прости, Господь, прости...
Я не писала долго...
        Мой разум обнови...

Мне страшно, неуютно...
        Я знаю, Ты - Судья...»
Но, вместо наказанья,
        Окутал Дух меня...

«Не бойся разговоров,
        И смело ты пиши.
В Моей блаженной воле
        Ты с кротостью живи.

Пусть кто-то осуждает,
    Но кто-то и поймет,
Кто сердцем зарыдает,
    А кто-то осмеет.

Одно лишь ты запомни:
    Не брать на личный счет
Хвалу людей, и если
    Кто словом резанет.

Направить все к престолу
    Небесного Судьи,
Решать Ему. Тебе лишь
    По-прежнему творить.

Тогда не будет сердце
    Ни плакать, ни болеть.
И к облакам не будешь
    От гордости лететь.

А дар сей - для народа,
    Откапывай его.
Ты будь сосудом в чести
    У Бога своего.

В том нет твоей заслуги,
    Лишь Божья благодать,
И только Он решает,
    Кому и сколько дать».

3 января 2011

Ничего, мой Господь, не хочу без Тебя

Ничего, мой Господь, не хочу без Тебя,
Что могла б предложить мне родная Земля.
Ничего не имеет цены на Земле,
Когда сердце болит и томится во мне.

И не радует жизнь, потеряла я цель.
Хоть искала пути, но садилась на мель.
И отплыть не могу, тянет вниз суета.
И куда ни взгляну, все вокруг пустота.

Хоть и будут друзья всегда рядом со мной,
Если я без Тебя - одинока душой.
И веселье пустое в ушах лишь звенит,
И от этого сердце все больше болит.

А когда я с Тобою, надежнее мне,
Моя ценность другая тогда на Земле!
Даже если друзья позабудут меня,
Не останусь одна, коль с Тобой буду я!

19 июня 2011

Хотел бы ты?

Хотел бы ты увидеть Христа на облаках?
Услышать голос трубный, и все, что есть в руках,
Оставить и проститься, и ввысь подняв глаза,
Навстречу устремиться явленью Жениха?

Хотел бы ты, не знаю. Я очень это жду,
Когда к Нему навстречу на облако взойду!
Когда увижу явно Того, Кого люблю!
Когда знакомый голос услышу наяву!

Когда в сияньи света прозрачных облаков,
Поднявшись над планетой, над стаями ветров,
Я утону в объятьях любимого Христа!
И там, впервые в жизни, я посмотрю в глаза

Тому, Кто всех дороже и Кто родней всего.
Тому, Кто был рожденный от Бога Самого!
Им только восхищаюсь и лишь Его люблю!
То предвкушенье встречи я сердцем берегу!

Хотел бы ты, не знаю. Но знаю я одно,
Что прежде, чем подняться на облако само,
Должны мы видеть ясно Христа перед собой,
Любить Его сегодня всем сердцем и душой!

Идти за Ним повсюду, куда бы ни позвал,
Ведь Он за нас с тобою всю жизнь Свою отдал!
Хотел бы ты увидеть любимого Христа?
Но так любить лишь может Невеста Жениха!

8 мая 2012

Мы в ответе

Мы в ответе за тех, кого Бог посылает
В нашу трудную жизнь, чтобы рядом идти.
Мы в ответе за тех, кого просто встречаем
Каждый день, каждый час мы на жизни пути.

Мы в ответе за тех, кто нас любит, прощает,
И чью жизнь в наши руки доверил Господь.
Мы в ответе за тех, кто нас ждет, доверяет,
Кто по жизни тихонько, но рядом идет.

Мы в ответе за тех, кто оставили Бога,
Через наши поступки споткнувшись в пути.
Кому вместо поддержки, совета, мы словом
Оборвали надежду, чтоб дальше идти.

Мы в ответе за тех, кому мы вместо света
Засветили прожектором прямо в лицо.
Мы в ответе за тех, кого жжем мы советом,
А не дарим надежду, любовь и тепло.

Мы в ответе за тех, кто доверил нам душу,
Кто хотел в нашей жизни увидеть Христа,
А мы вместо любви всю надежду их рушим -
Этим только позорим мы имя Отца.

Мы ответим, за каждое слово ответим,
Если жизнью своей не являли Христа.
Ведь, не просто живем мы на этой планете -
На Земле представляем мы Бога Отца.

4 Марта 2013

Божьи часы

Как часто погоняем все... Спеша,
Торопим Бога, будто знаем время.
Вперед Него бежим, едва дыша,
И, спотыкаясь, падаем, слабея.

Нам хочется немного подогнать,
И сдвинуть стрелки на часах Господних.
Нам кажется, давно пора решать
Задачи непонятные сегодня.

Мы видим все порой наоборот,
И Господу диктуем как все делать,
А Он другим путем идти зовет,
Где нет Его возможностям предела.

Нам надо лишь довериться сполна,
Позволить каждый новый шаг направить,
Ему видна другая сторона,
И знает Он, как все в пути исправить.

Его часы секундой не спешат,
Не замедляют ход и не отстанут.
Доверься Богу, шаткая душа,
Сойдутся стрелки наилучших планов.

И будет так, как не мечтала ты,
Превыше всех желаний и стремлений.
Он воздвигает новые мосты
Для тех, кто обладает лишь терпеньем.

16 Февраля 2014

Не расточай

> «Кто не собирает со Мною,
> тот расточает»
> от Матфея 12:30

Не расточай свое богатство,
Не возвращайся в пыль дорог,
И не ищи опять ты рабство,
Храни, что дал тебе твой Бог.

Возьми крупицы благодати
И положи в сосуд их свой.
Никто не сможет уж отнять их,
Если храним сосуд тобой.

О, собирай ты капли мира
И не позволь их унести
Скандальным сплетникам, задирам.
Душа, храни свой мир в пути.

Прими лучистую ты благость
И сбереги ее внутри.
Не каждому дается радость,
Поэтому, храни. Храни!

И дар любви, излитый в сердце,
Не растеряй среди тревог.
Позволь кому-нибудь согреться
Ты от огня, что дал сам Бог.

Бывает, после разговора
С каким-то другом в пять минут
Мы потеряем очень много
То, что года лишь соберут.

И пустота пронзит жестоко,
И тяжесть ляжет на груди,
На сердце станет одиноко,
И тихий стон лишь изнутри.

О, если мы не собираем
С Иисусом в небо на Земле,
То, к сожалению, расточаем
Все, что дано тебе и мне.

Лишь тот потери не заметит,
Кому и нечего терять.
А тот, кто знает с Богом встречу,
Тот жизнь свою готов отдать

За эти ценные минуты,
Когда Господь лишь и душа...
И кто познал с Творцом разлуку,
Тот знает Ад и Небеса.

6 Августа 2012

Если бы...

> «...Любящим Бога,
> призванным по Его изволению,
> все содействует ко благу.»
> Римлянам 8:28

О, если бы в моей судьбе
Из года в год, за шагом шаг
Было бы так, как в тишине
Когда-то в пламенных мечтах
Невеста о своей судьбе
Молила Бога вся в слезах.

О, если бы Господь всегда
На мои просьбы отвечал,
Ведь я хотела лишь добра,
Когда впервые мамой став,
Держала дочку на руках,
Молитву про себя шепча.

О, если бы мой каждый день
Я прожила, не зная боль,
Тогда обиды злая тень
Не омрачала бы любовь.
Если б раскрыл Бог крыльев сень,
Не затоптали б душу в кровь.

О, если б... Только, вдруг, в тиши
Заговорил Господь со мной.
Коснувшись нежно струн души,
Звенела песнь струей живой.
Я сердцем слышала слова,
Что лились в душу мне тогда:

«О, если бы в твоей судьбе,
В начальной стадии пути,
Ты не позволила бы Мне
Тебя за руку повести,
Скажи, как мог бы Я тебе
Открыть Себя на высоте?

О, если бы тебе всегда
На твои просьбы отвечать,
Чтоб ты по жизни все могла,
И что хотела б все давать...
Тогда скажи, когда б Отца
Тебе Я смог бы показать?

Как мог бы объяснить тебе
Свою любовь и благодать?
С тобой Я буду в зыбком рве,
Там научу тебя прощать.
С тобой пойду на высоте,
И научу не осуждать.

С тобой, когда летит стрела...
Не раз Я грудью прикрывал
Тебя от лютого врага,
И от камней оберегал...
В минуты сложные тогда
Тебе урок преподавал.

С тобой Я был везде, всегда!
Я видел все твои мечты!
Не все давал, как ты ждала,
Но все во благо! Веришь ты?
Ведь с каждым шагом ты росла,
Сжигая старые мосты...»

Я слушала ответ Христа,
А жизнь, как лента предо мной.
И фраза: «Если бы...» тогда
Приобрела совсем другой
Оттенок, смысл... Я чудеса
Увидела, Господь, с Тобой!

Я поняла закон любви.
И на скрижалях сердца я,
Поверх разрушенной мечты,
Прочла, что ты писал, любя:
«Даю не то, что просишь ты,
А то, что надо для тебя».

24 Сентября 2013

Мне в этом мире многого не надо

Мне в этом мире многого не надо.
Проснувшись утром, вижу новый день.
Спасибо, Господи, я очень рада,
Что каждый миг Тобой благословен.

Мне в этой жизни многого не надо.
Богатство, слава, власть и красота -
Проходит все... В них не найти отраду,
Когда на сердце боль и пустота.

Мне в этой жизни ничего не надо.
Ты одарил меня, Отец, вполне.
Я каждый день молюсь о тех, кто рядом,
Кто дорогим мне стал на сей Земле.

О них прошу Тебя, Господь, я снова,
О всех родных, кто гибнет без Тебя.
Приди в их дух могучим жизни словом,
И воскреси их души для Себя.

И это все, о чем я лишь мечтаю:
Увидеть славу Божию на них,
Когда, открыв глаза, поднявши руки,
Они воскликнут: «Бог мой, Ты велик!»

И этот миг дороже всех сокровищ,
Которые возможно отыскать.
А в этой жизни нужно нам одно лишь,
К Иисусу души приводить, спасать.

13 Ноября 2012

Какая разница, что будет в мире?

Какая разница, что будет в мире,
Война иль чипизация людей?
Ведь главное, чтоб не было кумиров,
Но Божий мир среди Его детей.

Какая разница, где будут беды?
Куда бежать? Где спрятаться? В лесу?
Все это просто мыльные беседы,
Ведь, главное, бежать нам ко Христу.

Какая разница, когда антихрист
Решит себя творцом провозгласить,
Когда Святая Библия затихнет?
Ведь, главное, всегда готовым быть!

Неважно, каким будет вознесенье,
Друг другу не докажем ничего.
Мы сеем в спорах семена сомненья,
Но, главное, почувствовать его...

Почувствовать, как сила притяженья
Ослабнет и исчезнет до конца.
Почувствовать небесное влеченье,
Будто магнитом тянет в небеса.

Почувствовать, как ноги оторвутся
От сей земли, ступив на облака.
И как в одну мелодию сольются,
Преображаясь, новые тела...

Какая разница, что после будет?
Не наше дело сроки, времена.
Не будь, мой друг, сегодня безрассуден.
Готовься встретить Господа Христа!

3 апреля 2014

Путешествие

В любое путешествие
Мы собираем вещи.
Перебираем их по много раз.
Продумываем тщательно
Полеты и все встречи,
Коль сроки жизни не торопят нас.

Бывает, неожиданно
Нам надо собираться,
Бывает, вовсе «с корабля на бал».
Дается лишь мгновение,
Чтобы решить: остаться
Или как есть, спешить к тому, кто звал.

И в небо путешествие
По-разному бывает,
Хоть и всю жизнь планируем к Нему.
Когда приходит время вдруг,
То нас это пугает -
Пройти дорогой смерти одному.

И мы, друзья, счастливые,
Коль Бог дарует время
Упаковать все доброе с собой.
Избавиться от лишнего,
Что давит, словно бремя,
Подняв глаза, направиться домой.

А там, за неизвестностью,
Сам Бог протянет руку
Тому, кто здесь тянулся к небесам.
Кто грезил путешествием,
И кто скучал по Другу,
Тому Господь навстречу выйдет Сам.

25 июля 2014

***

Как отыскать свое предназначенье,
Чтоб не страшил нас жизненный финал?
Ищи Творца, Его прикосновенья,
Господь лишь знает твой потенциал.

16 декабря 2014

Ты рядом...

> *«Се, Я с вами во все дни*
> *до скончания века»*
> *от Матфея 28:20*

Спасибо, Иисус, что Ты рядом,
Когда я не вижу пути,
Когда я не знаю, как надо
По жизни дороге идти.

Лишь Ты, прикасаясь незримо,
Берешь мою руку в Свои.
Я взглядом Твоим не судима,
Он нежность и ласку таит.

В объятьях Твоих растворяюсь,
Ты знаешь всю боль до глубин,
Когда на колени склоняюсь,
Ты рядом со мною. Один.

И тайны мои все Ты знаешь.
Желанья открою Тебе.
Ты часто их в жизнь воплощаешь
Нежданным сюрпризом в судьбе.

Спасибо за все воплощенья,
За то, что Ты близкий, родной.
Я часто стою в изумленьи,
Безмолвно смотря пред собой.

Велик Ты и дивен, Спаситель!
Кто я, что Ты рядом всегда?!
Ты нежности щедрый даритель,
За руку ведешь чрез года.

С Тобой не страшна мне дорога,
Хотя и не вижу пути...
Я руку надежного Друга
Держать буду крепко в своих.

Спасибо за то, что Ты рядом,
И, крепко обнявши меня,
Поддержишь Ты ласковым взглядом,
Навечно меня возлюбя!

6 Июля 2013

В ожидании встречи

Как хочется Тебя, Иисус, обнять,
В Твоих объятьях нежных раствориться.
С Тобою рядом хочется молчать,
И тишиною этой насладиться.

Как хочется смотреть в Твои глаза,
Осознавая, что разлук не будет.
Как хочется с Тобою навсегда
Мне слиться воедино. Кто осудит?

Как хочется забыть мне обо всем.
О том, что здесь мне не дает покоя.
К груди прижавшись, посидеть вдвоем
С Тобой одним - блаженство неземное.

Ну а пока я встречи буду ждать
И дорожить Твоим, Господь, общеньем.
Мне, главное, Тебя не потерять.
Не променять всю вечность на мгновенье.

12 декабря 2013

Телефон

Моей душе подарен телефон.
Я слышала, что много может он:
Там много функций, есть на все ответы,
Найти возможно разные советы,

Он может с небом нас соединить,
Чтоб мы могли с Отцом поговорить.
Я с радостью в инструкцию вникала,
Как SMS отправить разбирала.

О, что за чудная такая связь,
Ликует все во мне, и я зажглась!
Ловлю Wi-Fi и шлю вопросы в небо,
Ответы эти мне дороже хлеба.

И каждый раз, как выхожу на связь,
Зарядка пополняется, светясь.
Мне от Отца приходят сообщенья.
Так с понедельника по воскресенье.

Он одобряет все мои шаги,
Предупреждает, где мои враги.
И мне легко по жизненной дороге,
Уверенность свою черпаю в Боге.

Не знаю, как случилось, только раз
Проспала я на целый лишний час.
Вскочила, торопясь в большом волнении,
И пропустила с неба сообщения.

Подумала, успею на ходу,
Отвечу сразу, как домой приду…
Но суета манила за собою,
И накрывало вновь меня волною.

Я слышала, трезвонил телефон,
Напоминал о сообщеньях он.
Звонил, моргал и пикал то и дело,
Пока совсем моя зарядка села.

И вот, я сделала свои дела,
И телефон свой в руки я взяла…
Да вот экран мой больше не светился,
Напрасно жала кнопки, не включился.

Там сообщенья были для меня,
Которые Господь мне слал, любя...
Открыть их не могу... Ну что же делать?
Бессилие пронзило мое тело.

Искала я зарядку среди дня,
При этом обвиняя лишь себя.
Металась я, не находя покоя,
Розетки все повыбило из строя.

Не помогли зарядные шнуры.
Они бессильны, когда нет искры.
Кричала к Богу: "Дай мне подключиться,
Хотя б чуть-чуть от неба зарядиться!

Без Твоей связи погибаю я,
И каждый новый шаг, как западня..."
Услышал Бог, включилась батарейка!
А я, светясь как новая копейка,

Сама себе тогда обет дала,
Что больше я не буду никогда
Те сообщенья пропускать от Неба,
И игнорировать с Отцом беседу.

Как только слышу пикнет телефон,
Я сердцем знаю, это точно Он.
Спешу и все дела свои бросаю.
Я, заряжаясь от Него, летаю,

Сливаюсь воедино так легко!
Неважно где я, близко ль, далеко,
Вся без остатка растворяясь в Боге,
Я с Ним иду по жизненной дороге.

Теперь свою зарядку берегу,
Я знаю, что без Бога не могу!!!

2 февраля 2014

Толпа звала прославить Бога,
Но каждый думал о себе:
«Я ж не могу быть хуже всех»,
«А что подумает сосед?»,
И выбегая в путь-дорогу,
Спешил догнать соседа след.

Он, на ходу срывая ветви,
Все так же думал о себе:
«Неплохо я смотрюсь в толпе
С красивой пальмою в руке».
О, как влияют чьи-то сплетни
На наше мненье на земле.

Через неделю той дорогой
Та самая толпа пройдет,
Не зная, кто ее влечет,
С азартом двинется вперед
И, думая, что служит Богу,
Она Спасителя распнет.

Толпа сегодня движет миром
Все также через сотни лет.
Все также слышится вослед:
«А что подумает сосед?».
Толпа диктует нам кумиры
И жизненный приоритет.

И не живет толпа – играет,
Ей недоступно быть собой,
Простой и искренней душой...
И хоть избей все ноги в кровь,
Доколе Бога не познает,
Толпа останется толпой.

13 Апреля 2014

Компромисс

Ты шел с грехом на компромисс:
Чуть-чуть приврал, чуть-чуть слукавил.
"Умей вертеться" - твой девиз,
И никакой другой морали.

Ты ненавидел, но молчал,
Считая подвигом молчанье.
Эмоции в кулак сжимал,
А ненависть была в дыханьи.

Ты раздражался на детей,
И с гневом в сердце как-то сжился.
Богатством в гордости своей
Ты выше всех превозносился.

Ты терпелив был ко грехам
Своим, да и к чужим подавно.
На блуд, разводы и сто грамм
Ты стал смотреть давно лояльно.

Как свет и тьма пересеклись?
Перемешались полной мерой.
Ты шел с грехом на компромисс,
А думал, что шагаешь верой.

Ты думал, Бог такой, как ты,
Коль Он молчит и долго терпит.
Ты сорок лет вокруг горы
Бродил, не поняв круговерти.

Бог вышел, чтобы поражать
За то, что с миром этим слился.
Как смел ты Бога раздражать?
И как лукавству научился?

И поражение идет...
А ты твердишь: «Бог забирает...
Он видит жизнь всю наперед
И методом таким спасает.

И если бедствия придут,
Ну что ж, на все есть Божья воля...»
ОЧНИСЬ! Подумай хоть чуть-чуть,
Зачем играешь в жизни роли?

Бог сохранит лишь только тех,
Кто, видя грех, томится в духе.
Он ставит метку не челе,
И сбережет их средь разрухи.

Сегодня день не для потех,
Господь разделит жатву вскоре:
Все верные сердца от тех,
Кто со грехом шагает в доле.

18 февраля 2015

Любовь позволила уйти

Сердце отца в борьбе страдало,
Оно предвидело и знало,
В какую даль собрался сын.
Как, ложным светом озаренный
И миражами увлеченный,
Он уходил совсем один.

Отец не преграждал дорогу,
А, отпуская его с Богом,
Молил хранить его от бед.
И наградив его дарами
И драгоценными камнями,
Смотрел с тревогою во след.

Отец имел всю власть от Бога
Остановить, вернуть с дороги,
Но видел: грех живет внутри.
Нет смысла преграждать насильно.
И сын шагнул дорогой пыльной.
Любовь позволила уйти.

И вдаль смотря, любовь все знала,
И в своем сердце сострадала,
Благословенью вопреки,
В отрепьях нищих видя сына,
Грехом израненного сильно,
Тайком жующего рожки,

Разбитого внутри, снаружи.
Используют его... Разрушен
С переоценкою внутри...
Так надо будет опуститься,
Сломиться духом, разориться,
Чтоб ценность осознать любви.

И верой видя возвращенье,
Заранее любовь прощенье
Приготовляла от души.
Наперекор рассудку, воле
И вопреки сердечной боли,
Все же позволила уйти...

25 Февраля 2014

Христианин, ты в Бога веришь?

*«Не всякий, говорящий Мне:
"Господи! Господи!",
войдет в Царство Небесное,
но исполняющий
волю Отца Моего Небесного»*
Матфея 7:21

Христианин, ты в Бога веришь?
Смешно звучит такой вопрос.
Но если честно и всерьез,
Простой вопрос совсем не прост.

Ты, может, часто лицемеришь,
Но прежде, чем ответить "да",
Подумай просто, не спеша:
Ты веришь в Господа всегда?

В любое время и погоду,
Когда сбивают с ног ветра
И тенью бродишь до утра...
Ты веришь так же, как вчера?

А доверяешься ли Богу?
Что для тебя слова Его?
Пустая буква? Ничего?
Иль жизнь для духа твоего?

Христианин, ты Бога знаешь?
Какой Он, добрый или строг?
Ты с Ним вступаешь в диалог?
Насколько твой реален Бог?

Надеюсь, в веру не играешь,
А знаешь Бога своего.
Не понаслышке, а в лицо.
Надеюсь, веруешь в Него!

28 Марта 2014

Как хорошо, Господь, к Тебе прийти

Как хорошо, Господь, к Тебе прийти,
Когда полшага сделать невозможно,
И душу на ладонях принести,
Когда снести вообще что-либо сложно.

Как хорошо быть понятой без слов,
Когда вокруг слова не понимают.
Любой дать наставление готов,
При этом мою песню искажая.

Как хорошо доверить суд Тебе,
Лишь Ты способен рассудить умело,
И просветить мотивы в глубине,
И оградить души моей пределы.

Как хорошо быть принятой навек
Без доказательств и без оправданий.
Как хорошо, что Ты - не человек!
Ты - Бог, дающий мир вместо рыданий.

15 Декабря 2015

Настоящий Друг

> *«Вы друзья мои,*
> *если исполняете то,*
> *что Я заповедую вам»*
> *от Иоанна 15:14*

Ты - лучший Друг, Тебя я не искала,
Но Ты каким-то чудом Сам пришел.
Я о Таком, как Ты, всегда мечтала,
А Ты меня среди толпы нашел.

Ты подошел ко мне, а я смутилась...
Зачем Тебе такая я нужна?
Душа моя сама собой открылась,
Я пред Тобой была обнажена.

И опустила взгляд, боясь упрека,
Не веря, что Ты, зная все, простил...
Подняв глаза, я даже и намека
Не повстречала в них. Ведь Ты любил!

Я растерялась. Не встречала раньше
Такой любви. Не знала я тогда,
Что дружба есть без зависти и фальши,
И не на день один, а навсегда.

Ты - настоящий Друг и самый верный.
Я восхищаюсь дружбой и Тобой.
Среди толпы узнаю взгляд Твой нежный,
И среди шума слышу голос Твой!

Тебе судьбу мою и путь вверяю,
Когда-то тоже Ты его прошел,
Поэтому Тебе лишь доверяю
Все радости и каждый мой прокол.

Тебе несу, что от других скрываю,
Ведь смотришь Ты не так, как все друзья.
Ты знаешь слезы, что порой глотаю,
И тайны не сокрыты от Тебя.

Ты знаешь то во мне, что я не знаю.
И кто меня вот так, как Ты, поймет?
Сама себя порой не понимаю,
А Ты все видишь даже наперед.

К кому пойти мне, Боже? Кто услышит?
Кто развязать способен все узлы?
Кто понимает, чем живет и дышит
Моя душа в объятьях тишины?

Никто, как Ты, меня понять не может!
Поэтому к Тебе всегда спешу...
К Тебе... Тебе лишь одному, мой Боже,
Я сердца искренность преподношу.

9 Декабря 2013.

Доверься Мне

Дитя, не бойся путь пройти,
Я Сам веду тебя любя.
Сверх сил не дам тебе нести,
Во всем есть мера для тебя.

Доверься Мне, Я знаю путь,
Я проходил его не раз.
Подчас захочется свернуть,
Когда надежды луч угас.

Не убегай. И не спеши
По-своему все толковать.
А среди гробовой тиши
Позволь за руку тебя взять.

Ты не смотри по сторонам,
Назад дороги уже нет.
И пусть по мизерным шагам,
Но проведу тебя след в след.

И все, что встретишь на пути,
Порою, дьявольский оскал.
Поверь, что сможешь все пройти,
Я знаю твой потенциал.

Не обещаю легкий бой...
Когда в мыслях идет война,
Враг близко, прямо над тобой,
Как бездны жгучая волна.

Не задавай вопросов Мне,
Коль непонятен путь и бой.
Доверься Богу в тишине
И песнь хвалы Ему воспой!

28 октября 2013

***

Найти себя - нелегкая задача.
Ищи Творца - совет простой даю.
Он сотворил тебя, а это значит,
Ты только в Нем познаешь суть свою.

20 февраля 2015

Прости, Господь...

Прости, Господь, что так легко мы судим
Без капли сожаления порой.
Мы взглядом сверлим и словами рубим,
Виня других, качаем головой.

Ты строишь планы, как поднять упавших,
А мы без состраданья топчем их.
И свою руку ближнему не давши,
Надежду разрушаем таковых.

Ты раздуваешь тлеющие угли,
Надломленный тростник не сломишь Ты,
А мы не одного в обрыв толкнули,
Не разобравшись в волнах клеветы.

Прости, Господь, что нет в нас чувствований
Твоей любви, не проявляем мы.
Так зачерствели, нет нам оправданий,
Коль сами рушим мы любви мосты!

Мы позабыли все Твои уроки,
Не осознав, что милостью Твоей
Хранимы мы. И только Твои руки
Над бездной держат крепче и сильней.

Коль Ты ослабишь руку, мы споткнемся.
Если отпустишь, в пропасть полетим.
Себя при этом оправдать беремся,
Других же осуждаем и корим.

Собой наполни, чтобы на отпавших
Смотреть могли мы так, как Ты на них!
Не постыдиться поддержать уставших,
И не бояться пачкать рук своих.

Встать на защиту, когда все войною
Пошли на душу, чтобы осудить.
Нам помоги прикрыть ее собою,
Чтобы душе надежду подарить.

Надежду на любовь и на прощенье,
Когда враг душу сильно потрепал.
Когда нет веры на восстановленье,
Чтоб наш язык не бил, а поднимал!

8 ноября 2013

Не значит...

Ходить в собрание - не значит Бога знать.
И слушать проповедь - не значит понимать.
А проповедовать - не значит послужить.
Служенье Богу - не на сцене быть.

И прославление - не просто песни петь.
И сокрушение - не только пореветь.
Лишь Библию читать - не значит исполнять.
Молиться Богу - не на колени встать.

И улыбаться всем - не значит всех любить.
А промолчать при всех - не значит не судить.
И защищать других - не значит оправдать.
Чтоб быть услышанным - не значит прокричать.

Знай, раскаяние - не значит "ну, прости".
Сказать: "прощаю все" - не значит все простить.
Имея слух людской - не значит слышать все;
Мы, часто, слушая, не слышим ничего.

Ты знаешь, только Бог поймет тебя, любя.
Он знает то, что ты скрываешь от себя.
Бог смотрит ведь не так, как смотрим я и ты.
Он видит нас насквозь...
              Другими... Изнутри...

23 августа 2013

Страх Христа

В Гефсиманской тиши слышны стоны Христа...
Божий Сын? В полумраке на камне?
«Да минует, о Боже, пусть чаша сия...»
И в груди замирает дыханье.

Божий Сын, Ты пришел пострадать за людей,
Хоть все знал наперед, но спустился.
Почему же сейчас, среди смертных теней,
Ты в безлюдное место укрылся?

Разве смерть испугала дающего жизнь?
Разве Врач не излечит все раны?
Почему же так сердце от страха дрожит
И готово менять Божьи планы?

Не боялся Ты смерти позорной при всех,
И уверенно знал, что за гробом.
Страшен был для Тебя человеческий грех,
И отвергнутым быть Отцом-Богом.

Но Ты все же решился и взял на Себя
Наш позор... и оставлен был Богом,
Чтобы нам подарить эту связь навсегда,
И покой в этом мире убогом.

3 Ноября 2014

Пусть гром гремит

Пусть гром гремит и молнии сверкают,
Пусть тьма собой закроет Божий свет...
Одно я без сомненья твердо знаю,
Лишь Бог решает, быть дождю иль нет.

И что б ни говорила медицина,
И что б ни утверждали доктора,
У Бога есть на все Своя причина,
И лишь за Ним последние слова.

Я слышу гром и вражий хохот в спину,
Кипят мозги на бешеном ходу...
Я верю в разговоры медицины,
Но доверяю Богу одному!

30 апреля 2016

***

Не Дед Мороз - причина Рождества.
Подарки, хмель от праздничного вкуса.
Причина эта - Божья доброта,
Что подарила миру Иисуса.

18 Декабря 2014

Заступитесь!

> «Искал Я у них человека,
> который поставил бы стену
> и стал бы предо Мною
> в проломе за сию землю,
> чтобы Я не погубил ее,
> но не нашел...»
> Иезекииль 22:30

Когда в страшно бушующем море
Молодежь тянет грешная муть,
Средь разврата, греха и позора,
Заступитесь за них кто-нибудь.

Когда падают сильные люди,
Напрочь сбитые вражьей стрелой,
Нет уж сил и молиться о чуде,
Ты попробуй за них стать горой.

Ты попробуй, чтоб грех отвергая,
Не отталкивать душ от Отца,
А надеждою их зажигая,
Нести к Богу больные сердца.

Даже если Господь справедливо
Душу в гневе готов поразить,
Ты не стой в стороне молчаливо,
А попробуй ее защитить...

Да, я знаю, пойти против Бога
Очень страшно, и риск тоже есть.
Но собой прикрывая другого,
Обретаешь ходатая честь!

Ведь не хочет Господь пораженья,
И Он ищет во все времена,
Кто бы выстроил стену спасенья,
Ведь она так для многих важна.

13 декабря 2013

*Стих родился после прочтения книги
А. Шевченко «Заступитесь кто-нибудь»*

Поговори со мной

> *«...Истомились глаза мои
> от ожидания Бога моего»*
> *Псалтырь 68:4*

Поговори, Господь, хоть миг со мной,
Мне очень надо слышать голос Твой.
Я буду ждать, Ты только не молчи,
На голос Твой пойду среди ночи.

Ответь и разъясни все до конца,
Вопросов разных полна голова.
К кому пойду? Кого еще спрошу?
Господь, Твоим я мненьем дорожу.

Что б ни ответил мне любой знаток,
Не убедит меня всех слов поток.
Ты в сердце скажешь, и я все пойму,
Тебя об этом больше не спрошу.

Возможно, что опять наступит пик,
Не понимая, забреду в тупик.
Пожалуйста, Ты только не молчи,
Поговори со мной. Поговори.

22 января 2015

Как страшно...

Как страшно, когда мечется душа,
Не находя желанного покоя.
Когда она, уже едва дыша,
Не может крикнуть, только тихо ноет...

Как страшно в жизни Бога потерять.
Искать ту связь, что оборвалась резко,
И чем попало душу засорять,
А пустоту внутри тереть до блеска.

Как страшно присмотреться в тишину
И осознать, что Господа нет рядом.
И что давно я не туда бреду,
И даже воздух уже пахнет адом...

И нет покоя уже много лет,
Хотя снаружи все у нас прекрасно.
Мы думаем, что в нас еще есть свет,
Безвкусной жизнью осоляя страстно.

Как страшно, что давно уже не та
Любовь по Богу. Стала равнодушна.
Молитва рвется лишь до потолка,
И слово Божие давно уж скучно.

И все знакомо, так же как вчера.
И завтра будет то же, что сегодня.
Мы ищем, чем заполнить вечера,
Спешим узнать, что в мире этом модно.

Торопимся, чтоб быть на высоте,
Роняя веру в колее дорожной.
Идя вслепую, кружим в суете,
Но жить так дальше, люди, невозможно!

Кто смог признаться в этом сам себе,
Тот разорвал обман врага с размахом,
Увидел свет на утренней заре,
Того Господь поднимет даже с праха.

Наполнит миром, даст душе покой,
И все проблемы станут маловажны,
Молитва станет радостной, живой...
Но, чтоб признаться, надо быть отважным!

Зовет Он каждого к Себе, любя,
И правду открывает Своим светом.
Не страшно осознание себя,
Страшнее в жизни не увидеть это!

13 января 2014

Знаешь ли?

Ты знаешь путь, каким душа приходит к Богу?
А знаешь, как к душе приходит Бог?
Хоть раз попробовал прокладывать дорогу
Ты до Голгофы, хоть кому помог?

Ты знаешь, как стоять в молитве до полночи,
Осознавая слабость без Него?
А знаешь ты, как ждать, коль рядом враг хохочет?
Коль бой за душу не отдаст легко!

Ты знаешь, как в душе идут процессы?
Как возрастает вера, видишь ли?
Как проникает слово сквозь греха завесу,
И судит намерения души?

Как открывается Господь, скажи мне, знаешь?
Как прозревают очи в темноте?
Да разве ты глухому уши открываешь?
И не закрыть открытое во тьме!!!

Ответь, ты объяснить мне можешь это чудо,
Как второй раз рождается дитя?
Свое рожденье свыше я не позабуду,
Но не пойму и много лет спустя.

И если ты стоял в проломе дни и ночи
За жизнь, чтоб душу вырвать у греха,
А враг тебе уничтожение пророчил,
То знаешь цену ты наверняка!

И если знаешь радость, слышал крик рожденья,
Ты навсегда запомнил этот миг,
Позволил тебе Бог стать частью ко спасенью.
Еще одной души Господь достиг!

И ты ли скажешь, что Господь не так открылся?
Тебе ль судить, каким путем ведет,
И если дух его пред Богом преклонился,
То человек уже не пропадет.

Не смей сказать Ему упрек иль оправданье,
Не знаешь, как к душе приходит Бог!
Как небо над землей превыше в мирозданьи,
Так путь Его превыше нас с тобой!

30 Октября 2013

Спасибо, Бог, что не ответил

Спасибо, Господи, что на мои молитвы
Порою Ты не отвечал.
Что на мои истерики средь тяжкой битвы
Ты, игнорируя, молчал.

Ты терпеливо ждал, пока я успокоюсь,
И вновь подняться помогал.
И, закрывая от ветров Своей спиною,
Меня в объятья принимал.

Ты проходил со мной тяжелую дорогу,
И я стонала там не раз.
И если бы тогда не власть защиты Бога,
Меня бы не было сейчас.

Спасибо, Бог, что не ответил на молитву.
Хотя... И это был ответ...
Я знаю, почему жестокой была битва,
Смотря назад чрез много лет.

21 Октября 2016

Невеста Царя!

Велик Господь и славен во Вселенной!
Его величьем полнится Земля.
Трепещет мир пред славою нетленной,
Перед могучей силою Царя.

Но кто же Та, которая навечно
Сумела сердце Царское пленить?
Как Та, что далеко небезупречна,
Царя царей сумела покорить?

Кто Та, в которую Творец влюбился,
Так полюбив творение Свое?
Кто Та, ради которой Бог спустился
На Землю грешную, забрать Ее?

Она прекрасней дочерей Вселенной!
Сияющая солнцем, как заря!
Великая! В красе своей нетленной,
Особая Невеста у Царя.

Среди подруг добром Она сияет.
Уходит тьма с явлением Ее.
А люди, часто не осознавая,
С Ней рядом не способны делать зло.

Она, которая так сильно любит,
Как не любил никто из всех друзей,
По сторонам не смотрит и не судит,
А с нетерпеньем встречи ждет своей.

Она одна частенько оставляет
Своих подруг, чтобы пойти к Нему.
А без Него тоскует и скучает,
И с грустью Она смотрит в пустоту.

Она одна Царя царей достойна.
Ей все равно куда, лишь рядом с Ним.
И только с Ним одним она спокойна,
Идет за Ним и дышит только Им.

Не нужно Ей ничто на целом свете,
Неважно, что Жених Ее богат,
Что много может дать своей Невесте.
Ей важен и бесценен Его взгляд.

Неважно Ей, что думают другие,
Что выглядит безумной средь людей.
Ей все равно, что скажут остальные,
Важней всего, что скажет Он о Ней.

Задумайтесь сегодня, дорогие,
Возможно ли Невесте не скучать?
И может ли Она, как остальные,
Жить припеваючи, Его не ждать?

Возможно ли для той, что сильно любит,
Трезвонить только в случае беды?
Ведь та, что любит, говорить не будет:
«О, Господи, еще не приходи...»

Не правда ли смешно, что за невеста,
Которой хорошо без жениха?
Задумайтесь сейчас на этом месте,
Действительно ли любим мы Христа?

Действительно ли жаждем этой встречи?
Действительно ли ждем Его с небес?
А может, мы вздохнем чуть-чуть полегче,
Когда услышим: «время еще есть»?

Томится ли наш дух, желая встречи?
И ищем ли Его наедине?
Иль языком мы произносим речи
О дорогом Спасителе Христе?

Лишь Он один все знает в сердце нашем,
И Дух Его, который в нас живет...
Как страшно, когда в сердце много фальши.
А когда искренность – душа поет.

13 Июля 2013

Не отойду от Тебя

> «Не отпущу Тебя,
> пока не благословишь меня...»
> Бытие 32:27

От Тебя, Господь, не отойду,
Как бы жизнь ни била, ни швыряла,
От Тебя я взгляд не отведу,
Пока дух не вырвешь из металла.

Не ослаблю я своих молитв,
От Тебя я милость ожидаю.
Когда мир весь крепко ночью спит,
Я в молитве веру обретаю.

Может, скажут мне, напрасно жду...
Может, нет на это воли Бога...
Я не верю и к Тебе иду,
Как бы ни была крута дорога.

И, быть может, падаю порой,
Коль сомнений волны заливают,
Но я вновь тянусь к Тебе рукой,
И сомненья верой разгоняю.

Знаю, что готов Ты отвечать,
И дождусь я этого мгновенья.
Твоя воля в том, чтобы спасать,
Вырывая из оков неверья.

Потому, Господь, не отойду
До тех пор, пока я не увижу
Твою Славу, трепетно дождусь,
И ее шаги уже я слышу.

И во мне уже ликует дух,
От того, что так близка победа!
Хоть темно еще, но я дождусь!
Ведь я вижу отблески рассвета!

30 декабря 2013

А если бы сегодня...

А если бы сегодня
Христос жил на земле,
Летал на самолетах
И ездил по стране,
Ходил бы по дорогам,
Встречался бы с людьми,
Обедал и общался,
Играл бы Он с детьми?

Его бы приглашали
И звали нарасхват,
И каждый этой встрече,
Наверно, был бы рад.
Готовились к приезду б
Поселки, города,
И люди по-другому
Общались бы тогда.

Готовились бы церкви
К торжественному дню,
И, думаю, по-царски
Составили б меню.
И мы бы ждали очень,
Когда же к нам зайдет.
Старались бы в собрании
Садиться наперед.

Мы с музыкой встречали б,
Украсили бы стол,
Салютами б стреляли...
А Он бы к нам зашел?
Какую б выбрал церковь?
Кто праведнее всех?
И кто б из всех зовущих
В расчете на успех?..

Он не пошел бы в церковь,
И в гости не спешил,
Направился б туда же,
Где раньше Он ходил.
Поехал бы в притоны,
Спускался бы под мост,
И в жаркую погоду,
И в лютый бы мороз,

Искал бы тех погибших,
Кого забыли мы.
Кто просто растворился
В объятьях темноты...
Порой мы больше ценим,
Смотря со стороны,
Не души, а наряды,
Не жизни, а мечты.

И если бы сегодня
Ходил Бог по земле,
Дороже всех сокровищ
Он оценил бы тех,
Кого не ценят люди,
Обходят стороной.
А многое земное
Назвал бы пустотой.

29 Октября 2014

Возьмите бремя Мое

Господь, Ты плачешь до сих пор
О тех, кто в рабстве погибает,
Кто от греха изнемогает
Под тяжестью своих оков.

Господь, Ты все еще в тоске,
Твоя душа скорбит смертельно,
И в каждом вздохе безраздельно
Боль о страдающей душе...

А чувствую ли я ту боль,
Что Божье сердце наполняет?
Как оно горестно страдает?
Как бременем легла любовь?

Что вижу я, когда смотрю
На близких, просто на прохожих?
И мысли на Твои ли схожи?
Иль я в других мирах парю?

А слышу ли я этот крик?
Когда кричит душа немая,
От безысходности страдая,
Не видя цели... Лишь тупик.

Переживаю ли за тех,
Кто прямиком шагает в бездну?
Могу ли подарить надежду,
При этом указав на грех?

И я расплакалась душой,
Томимая вопросом этим,
Что Твоей боли не заметив,
Я не несу ее с Тобой.

Душа моя уж не кричит...
Лишь головой своей киваю,
И, может быть, еще вздыхаю,
Но мое сердце не горит...

Смотрю вокруг я, бормоча.
Все вижу, только не тревожит.
Дышу наркозом я, похоже.
Враг поражает без меча...

Услышала, о чем кричит
Твоя душа, возьмите бремя!
Пришло на это ваше время,
А дьявол рядышком рычит.

Ворует, поражая дух,
И убивает рядом души,
А вы, устраиваясь лучше,
Закрыли от Меня свой слух...

Еще зову, еще стучу...
Очнитесь, боль Мою возьмите!
Между собою разделите,
Пока Я вас еще зову...

1 Февраля 2014

Не угасай

Не угасай, еще совсем немного,
Придет рассвет и новый поворот.
Не угасай, прошу во имя Бога!
О, моя вера, посвети вперед.

Еще чуть-чуть, хоть не видна дорога,
И я иду неведомо куда.
В груди растерянность, сомнений много,
И в каждом шаге кажутся года.

Избиты ноги, сердце кровоточит,
Руками я хватаю пустоту.
И среди зыбкой, непроглядной ночи
Без света мне идти невмоготу.

Не гасни, моя вера, пусть немного,
Хоть слабеньким огнем, но посвети.
Ведь жив Господь, я буду славить Бога!
Хоть, что угодно встречу на пути...

Я знаю, даже с праха восстановит,
И верю, не оставит погибать.
Не гасни, вера! Если дух мой стонет,
Ты научись на Бога уповать!

Я знаю, что немного мне осталось,
Рассеется туман и тьма сбежит.
Все то, что в сумраке ночи скрывалось,
То в новом дне надеждой наградит.

17 декабря 2013

Церковь - Мать

Церковь-Мать! За этим словом
Много подвига святого...
Чтоб ребеночка родить,
Много надо пережить.

Много месяцев под сердцем
Она носится с младенцем:
Постоянно тошнота,
Позабыта красота.

И одна теперь забота:
"Как малыш?", и снова рвота,
С каждым шагом тяжелей,
И чем ближе, тем больней.

И, о чудо! Час рожденья
Наступает во мгновенье.
Вот родился славный сын -
Неба новый гражданин!

Вот пошел процесс взросленья.
Матери дано терпенье:
Накормить, переодеть,
Искупать и песни петь.

Но она не унывает,
За ребенком убирает.
Ей любовь дает Христос,
Только б сын здоровым рос...

Нянечка ведь тоже может
Быть на мать чем-то похожей.
Может мыть, кормить, гулять.
Не дано ей лишь рождать...

Потому любить не в силах,
Потому невыносимо
Для нее и плач, и крик,
И хватает нервный тик.

Потому, все это зная,
Она, деток выбирая,
Ищет тех, кто красивей,
И послушней, и милей...

Для нее важнее бизнес,
И отсюда личный кризис,
Ближе к телу и важней
Из-за выгоды своей.

Мы не будем озираться,
Будем Господа бояться.
Надо нам смотреть в себя:
Церковь Божья - ты и я.

22 октября 2016

Ты влек меня

> *«Ты влек меня, Господи, -*
> *и я увлечен...»*
> *Иеремия 20:7*

Ты влек меня, мой Бог,
        и я увлечена.
Теплом Твоей любви
        была привлечена.
Томится дух во мне
        без близости Твоей.
Все валится из рук,
        бегу к Тебе скорей.

Влечет меня Твой взгляд,
        наполненный добром,
Прикосновенье рук
        Твоих влечет теплом.
С Тобой мне ничего
        не надо на земле,
На небе без Тебя
        никто не нужен мне.

И раем стал бы ад,
        коль Ты туда б сошел.
И если б там решил
        поставить Свой престол,
В присутствии Твоем
        покой и теплота.
И если Ты ведешь,
        мне все равно куда.

Влеки меня, Господь,
        И дальше лишь к Себе.
Я без Тебя, мой Бог,
        Несчастна на земле.

29 апреля 2014

***

Пройдя по жизни полпути,
Ты с огорченьем обнаружишь,
Что, чем беднее мы внутри,
Тем больше пафоса снаружи.

2015

Научись отпускать

Каждый шаг Бог нас учит добру,
Не привязываться ни к чему.
Как бы больно порой ни бывало,
Жизнь земная - лишь неба начало.

Научись отпускать на земле,
Чтоб свободней леталось тебе.
Притяженье чтоб мукой не стало,
Как бы крылья твои не сломало.

Чтоб дышалось легко в небесах,
Научись не сжимать все в руках.
Если Бог подарил тебе что-то,
В праве Он и забрать все в два счета.

Все дается на временный срок,
Цель одна - преподать нам урок.

Отпусти каждый прожитый день,
Не лови уходящую тень.
Увлекаясь подарками Бога,
Ты, петляя, отстанешь в дороге.

Привяжись навсегда ко Христу,
Чтоб понять всю Его полноту.
Пусть подарки не будут преградой,
Пусть не станут для цели блокадой.

Бог желает тебя провести
Там, где мало кто хочет пройти.
Человека соделав опорой,
Не подняться на Божию гору.

Пусть влекут лишь тебя небеса,
Отпусти все во имя Отца...

28 апреля 2014

***

Чем больше наполняемся мы Богом,
Тем меньше сердце трогает тревога.

2015

Заповедь любви

«Я дал вам пример...»
от Иоанна 13:15

Склонился Бог пред человеком,
Чтоб ноги мыть Своим друзьям.
В тот день делился Он секретом
И тайной, скрытой в наших днях.

Три года они вместе жили,
И ближе не было друзей,
Но все же иногда грешили
В суетности летящих дней.

Он был свидетелем падений
И пылких споров их не раз,
Когда в момент превозношений
Свое доказывали, злясь.

Он видел грязь от согрешений
И пыль дорог на их ногах,
Поэтому, склонясь в смиреньи,
С сияньем радостным в глазах,

Он мыл им ноги не для вида.
И полотенцем покрывал
Все то, что в жизни их Он видел...
Водою чистой омывал.

Мы с Иисусом в этой жизни
Проходим многие года.
Заметны нам друзей кривизны
И пена гордости видна.

Мы часто слышим осужденья
И горький ропот на устах.
Со стороны видней паденья
И бревнышки в чужих глазах.

И став свидетелем невольным,
У нас есть выбор: осудить
Друзей своих самодовольно
Иль от других поступок скрыть.

Любовь... Любовь лишь покрывает,
Затмив собою чей-то грех.
Пред Богом ближних защищает:
«Ты не вмени проступков тех,

Что по неведенью творятся,
А им глаза скорей открой».
Любовь не станет притворяться,
Лукавить и кривить душой,

А снимет верхние одежды,
Чтоб искренней, открытой быть.
Каким бы ни был брат наш грешным,
Нам дано право грех омыть.

И во свидетельство пред Богом,
Склонившись, можем все прощать.
Не кости мыть друзьям, а ноги...
Любовь способна покрывать!

Но если мы не почитаем
Другого выше, чем себя,
Мы заповедь не соблюдаем.
Напрасно ноги мыть, друзья!!!

24 Февраля 2014

Нет шанса на грех

Нет шанса у тебя,
        как все, грешить спокойно.
И грех, испив до дна,
        дышать свободой вольно.
Ведь если есть один
        на всей большой планете,
Кто молится Творцу,
        чтоб ты ходил во свете,

Тогда не сможешь ты
        гулять, грешить как прежде.
Пойдет все кувырком,
        не станет и надежды.
Не будешь под собой
        ты чувствовать опору,
И сильная рука
        ослабнет понемногу.

И даже если ты,
        на силу уповая,
Добьешься своего -
        душа будет пустая.
Победа и успех
        не радуют собою,
Последствия греха
        предстанут пред тобою.

И совесть твоя вдруг
        начнет тревожить душу,
Все ночи напролет
        ты будешь ее слушать.
Противным станет грех,
        который обожаешь.
Нет шанса у тебя,
        надеюсь, понимаешь!

Господь стал на пути
        и преградил дорогу...
Лишь потому, что я
        молюсь о тебе Богу!!!

23 Февраля 2014

Такое время

Частенько слышим: Как дела?
- А как твое хожденье с Богом?
- Да все нормально как всегда.
Мы много трудимся для Бога...

Об остальном мы промолчим,
Ведь это наши лишь заботы.
Пред Богом сильно не грешим,
Ну а с друзьями свои счеты.

Молчим, что потеряли Свет,
Что на душе одна тревога,
Что нет покоя много лет.
Ну, а какой покой без Бога?

Спим вместе с совестью своей,
Баюкаемся с постоянством.
Да, вроде, все как у людей...
Сейчас такое христианство.

Как будто так нам суждено,
Мы постепенно вымираем...
Душа же мечется давно
И о другом совсем мечтает.

И что не так - неясно нам,
Ведь даже Библию читаем,
И молимся по вечерам,
Но а в душе изнемогаем.

Мы так устали без Него,
Запутались в приоритетах.
И незаметно уж давно
Дошли до пустоты без Света.

Забыли, как гореть огнем
И до утра молиться ночью.
Так много знания о Нем,
К познанью же закрыты очи.

Такое время, говорим,
И христианство как дилемма...
Не видим или не хотим
Признать в беспечии проблему.

Давайте вновь искать Христа,
И с Ним в тиши уединяться.
Лишь в Нем покой и полнота,
Давайте Богом наполняться.

И потечет для жизни сок,
Сухую душу оживляя.
Созреет в ней обильный плод,
Собой других благословляя.

16 Сентября 2014

Посвящение

Когда мы Дом молитвы посвящаем,
Мы отдаем или приобретаем?
Желаем для себя благословение?
Иль все же мы готовы на лишения?

Готовы ли отдать на сто процентов,
Не выдвигая наших аргументов
По поводу служения и школы,
Вручить программу, планы Его воле?

Готовы ли мы к Божиим решениям,
Которые все наши намерения,
Бывает, рушат вплоть до основания?
Готовы на такое помазание?

Готовы ли мы принять на лечение,
С любовью проявляя попечение,
Бездомных, грязных и с "благоуханием",
Чтоб рядышком присели на собрании

Все, кого Бог пошлет на это место?
Вы не боитесь, что нам будет тесно?
Готовы на такое посвящение?
За ним стоит Отца благословение!!!

Тогда на это место сойдет сила,
Та самая, что Бога воскресила!
Которая хлеба преумножала
И море во мгновенье раздвигала!

Восстанет Церковь в славе и величии,
Растает в ней весь сон и безразличие.
Трепещет ад, предвидя поражение,
А Церковь Божья станет в наступление.

И не отступит, ад опустошая,
Врагом украденное отбирая,
Поднимет раненых на поле боя,
И умирать не бросит чуть живое.

Не бойтесь потерять себя для неба,
Хоть выглядим порою мы нелепо.
И пусть над нами кто-то посмеется,
Отдача эта жизнью воздается

Так что такое Богу посвящение?
Это потери? Иль приобретение?

10 Марта 2014

Просто так не кается душа

Просто так не кается душа,
Нужно ей в грехах себя увидеть,
И такую жизнь возненавидеть,
Приняв жертву Господа Христа.

Но так трудно средь толпы людской
Ей увидеть, что она в пороках,
И что так обманута жестоко,
Двигаясь к пучине роковой.

Нужно, чтобы кто-нибудь пришел,
Оторвавшись от комфортной зоны,
В эту тьму, где дьявола законы,
И где ложь поставила престол.

Нужно, чтобы кто-то посветил,
Жизнь другую показав делами,
Чтобы молчаливыми словами
Дух Святой к душе проговорил.

Чтобы слово сеялось на дно,
Проникая глубоко и прочно,
Даже если будет твердой почва,
Прорастать там семени дано.

Важно, чтобы свет еще и грел.
Грел добром, любовью непритворной
Там, где кто-то ранил очень больно,
Чтоб душа оттаяла, запев.

Тогда будут прорастать ростки
И тянуться к свету осторожно.
Что вчера казалось невозможным,
Станет явью, миру вопреки.

Просто так не кается душа,
Если мы не светим и не греем,
А тихонько в этом мире тлеем,
То жизнь наша - это пустота.

То напрасно умирал Христос,
И для многих жертва бесполезна.
Христиане, посмотрите трезво,
Настоящий свет имеет спрос!

22 Марта 2014

Что хочешь ты от Бога?

> *«Вы ищете Меня не потому,
> что видели чудеса,
> но потому, что
> ели хлеб и насытились»*
> от Иоанна 6:26

Что хочешь ты, мой друг, от Бога?
Зачем к Нему приходишь вновь?
Волнует ли тебя тревога
Иль на колени ставит боль?

Ты ищешь Божье утешенье
Иль в трудностях больших совет?
А, может, ждешь ты откровенья
И на нужду свою ответ?

Быть может, дети взбунтовались,
И не справляешься уже?
Надежды сердца оборвались
В твоей израненной душе?

Устал от бесконечной битвы?
И твой диагноз непростой?
Бог отвечает на молитвы!!!
Ведь Он богатый добротой.

И Он ответит непременно!!!
Ведь Он и раньше отвечал.
Но после, если откровенно,
О Нем ты быстро забывал.

Ты получал Его наследство
И уходил, как блудный сын.
Ты жаждал Бога лишь как средство
Достигнуть то, что ты просил.

И ты не раз еще вернешься,
Ведь в Божьем доме есть еда,
Когда с проблемой вновь столкнешься,
Когда настигнут холода.

Ты прибежишь к Нему, как раньше.
И Он, как раньше, все поймет.
Не обвинит в лукавой фальши,
Ни в чем тебя не упрекнет.

Он верный Друг! И ты доволен!
Не хочешь ближе подойти?
Узнать Его, пока не болен,
И к Его сердцу путь найти?

Не приходить к Нему за делом,
А просто так "чайку попить".
И пусть впервые неумело
Позволь Ему заговорить.

Послушай - многое расскажет.
И ты увидишь мир другим.
Поймешь, кто ценен, кто не важен,
И как ты Господом любим.

Поймешь, что с Ним не одинок ты,
А все земное – суета...
Общенья эти, как полеты,
От притяженья в небеса.

Куда ведет твоя дорога?
К земному быту иль на взлет?
Что хочешь ты сегодня? Бога?
Или того, что Он дает?

9 Сентября 2015

Если Бог за нас...

«Если Бог за нас, кто против нас?»
Римлянам 8:31

Не важно, если брат меня ругает,
Иль лестью полные его уста.
Важнее мне, что Бог не осуждает,
Что моя совесть у меня чиста.

Ведь каждый ходит перед Богом.
И если я хожу пред Ним,
Он знает все - моя дорога
Видна пред Господом моим.

Иду ли я, стою или упала,
Один осудит, а другой поймет.
В молитве я пред Господом предстала,
Важнее мне, что думает мой Бог.

9 Февраля 2002

Бриллиант

Обычный день и солнце светит так же.
Все как всегда, и вроде бы не так...
Одной идти теперь придется дальше,
И ускоряется невольно шаг.

Теперь никто не держит ее руку,
А впереди совсем другая жизнь.
Но в памяти прощальные минуты,
Совет отца: "Обочин сторонись,

Держись подальше от рекламных улиц,
И от толпы безумной ты беги.
Будь осторожна, там летают пули.
А бриллиант под сердцем сбереги

От посторонних взглядов ненасытных.
И что б ни предлагали - не меняй.
Обманчив путь... С тобой мои молитвы.
Ну, ты же взрослая уже. Ступай."

К чему все это? Пули не летают,
И все так интересно впереди.
Похоже, что отец не понимает,
И по дороге этой не ходил.

Там впереди сверкают фейерверки,
А Любопытство манит и зовет,
Наивно-радостная дочь надежды
Уверенной походкой шла вперед.

Мелькали люди, жизни, отношенья,
Плясала Похоть среди них, скользя.
И искренно желая лишь общенья,
Девчонка Моду приняла в друзья.

Она уж точно знала всю дорогу,
Не первый год встречала новичков.
Теперь все объясняла ей подолгу,
Совет давала, не жалея слов.

Знакомила со знатными парнями,
Бесцеремонно выгнувшись дугой.
Девчоночка краснела временами,
Бриллиант сверкал стыдливой чистотой.

И среди этой молодежной знати
Охотников хватало на бриллиант,
Которые преуспевали, кстати,
И воровство, как будто их талант.

Заметив нашу девочку глазами,
Один спешил поближе подойти.
Окутывая льстивыми словами,
Пытался путь к сокровищу найти.

Он ей шептал, что не встречал такую,
И что идти готов с ней до конца,
Но не хотелось бы идти вслепую,
Хотелось, чтоб доверилась она.

Она смущенно опустила глазки,
Не зная, что в ответ ему сказать,
Хоть незаметно было лживой маски,
Ей все же так хотелось убежать.

Но не ушла. Осталась на мгновенье.
Подумала, скажу мечту свою.
"Бриллиант свой я, без всякого сомненья,
Хотела б инвестировать в семью…"

Тот бормотал, что тоже так желая,
Он видит лишь ее в своих мечтах.
В туман пошла... Желанием пылая...
Бриллиант сверкал уже в его руках.

Все в голове крутилось фейерверком:
Звонки и встречи, ночи напролет.
А Похоть вторила ехидным смехом.
(Да разве одурманенный поймет?)

Прошло немного времени в круженьи,
Шальной стрелой задело их двоих.
Разбился бриллиант в одно мгновенье...
Манящий танец Похоти затих...

Поспешно все остатки собирала.
Из раны от стрелы сочилась кровь.
Подняв глаза, Любовь свою искала
Среди ночных и тусклых огоньков.

Стояла долго так в оцепененьи,
До боли сжав потресканную грань
Оставшихся кусков. А в утешенье
Шептала Мода тихо: "Перестань.

Так все живут. Сейчас такое время.
Не стоит из-за этого страдать.
Повыше голову. В конце туннеля
Уже сияет новая звезда".

И замелькали звезды, дни и лица...
Растратился бриллиант на миражи,
Размылись в сердце добрые границы,
Поверив разговорам модной лжи.

И вот на горизонте показался
Богатый и красивый "Банк семьи".
Всем слухам вопреки он развивался,
И вкладчики стояли у двери.

Девчонка растерялась на мгновенье,
И направляя к зданию шаги,
Испытывала странное волненье...
Шепнула Мода: "Нам не по пути".

И растворилась в разноликих тенях.
"Ну что ж, теперь узнаю все сама".
Собрав в охапку все свои сомненья,
Девчонка к банку смело подошла.

Здесь каждого встречали добродушно,
И каждый отдавал, что сохранил.
Чтоб заложить фундамент, много нужно,
А чтоб построить - еще больше сил.

Стояли пары в очереди этой:
Одни с бриллиантами в своей руке,
Другие руки прятали нелепо,
Неловкий взгляд бросая по стене...

Девчонка проверяла по карманам,
Но только крошки бывшей красоты
Ей удалось собрать по старым шрамам,
И лишь осколки раненной мечты...

И в горсточку собрав богатство это,
К работнику несмело подошла,
Раскрыв ладонь свою, ждала ответа,
Как приговора, трепетно дыша...

"За эти крохи не построишь много,
Их хватит, может быть, на пару лет.
К большому сожалению, в итоге
Банкротство ожидает ваш бюджет.

Но есть одно решенье непростое -
Наш банк предоставляет вам кредит,
Коль вы готовы поработать втрое,
Коль вы готовы вкладывать в свой быт.

Придется вам выстраивать доверие
Лишь честно заработанным путем.
И постоянно вырывать сомнения,
И вкладывать в семейный банк вдвоем.

Придется жить со шрамами на сердце,
И результаты прошлого нести:
Порою они будут горче перца,
Порою станут поперек пути...

Но и при этом есть для вас надежда,
Бог посылает с неба благодать,
Чтоб вы могли сменить свою одежду
И друг для друга чистыми вновь стать".

С рожденья каждому богатство дано -
Бриллиант, что не купить и не продать.
И как бы ни звучало это странно,
Его возможно просто растерять.

Он гранями различными сияет:
Стыдливостью, небесной чистотой,
И красотой желанной наполняет
Счастливых обладателей мечтой.

Его, к несчастью, многие не ценят
И, разменяв себя до наготы,
Ни возрасту, ни опыту не верят,
Предполагая, что слова пусты.

Кто потерял его, других сбивает:
"Да что в этом такого?" - говорят,
Не понимая, что себя теряют,
Грехом уничтожая свой Бриллиант.

Тебе дано хранить наследство это
Лишь для одной или для одного,
Чтобы, дождавшись Божьего ответа,
Успешно инвестировать его.

4 сентября 2016

Бог выше сил не дает

*«Доселе дойдешь и не перейдешь,
и здесь предел надменным волнам твоим...»*
Иов 38:11

Верю, Господь, Ты поставил границу
И оградил мой удел.
Волнам надменным позволил Ты злиться,
И океан зашумел.

Бурей гремел, все вокруг устрашая,
Бревна со дна поднимал.
Все поглотить под собою желая,
Но до меня не достал...

Заклокотал, поднимаясь волнами
Выше меня на ветру.
Грозно рычал пред моими глазами,
Но облизал лишь пяту...

Знаю, Господь, Ты поставил ограду,
Не перейдет он ее,
Пусть даже нечесть поднимется адом...
Бог выше сил не дает!

24 июня 2016

Идти за Господом

«Да и все, желающие жить благочестиво
во Христе Иисусе, будут гонимы.»
2-е Тимофею 3:12

Идти за Господом - всегда против теченья
Грести без остановок, не искать причал.
Осознанно пойти путем сопротивленья
К Отцу - Источнику, Началу всех начал.

Идти за Господом - порой шагать вслепую,
Довериться Ему во всем и навсегда.
И, видя верою финал свой, как вживую,
В доверии не колебаться никогда.

Идти за Господом - всегда с толпою споря,
Стоять на Камне под прицелом жгучих стрел,
Быть сплетней на устах и камешком раздора,
И пылью в чьих-то самоправедных глазах...

Идти за Господом совсем, порой, непросто,
Душа изранена бывает до крови.
От ядовитых слов, частенько, очень тошно...
Голгофа... это все, что видно впереди.

И, натирая сердце до сухих мозолей,
Прощаю, понимая всем нутром своим:
Еще не раз посыпят мои раны солью,
Я все же выбираю следовать за Ним.

А следовать за Ним - всегда быть рядом с Богом!
Держаться за руку, беседовать вдвоем,
И научаться в простоте святым урокам,
Укутавшись, как в мягкий плед, Его теплом.

А следовать за Ним - через Голгофу в Небо.
Мой путь через распятье собственного "Я",
Чтобы во мне была видна Его победа,
Чтобы в итоге стать похожей на Царя.

21 августа 2016

И нет другого

Моя защита - Бог, и нет другого!
Ты - мой Покров, Прибежище мое.
Ты - мой Источник мира неземного;
Ты - Утешение в долине слез.

Ты - мой Маяк средь бурь и ураганов.
Во тьме кромешной Ты - мой яркий Свет.
Ты - Компас мой среди густых туманов,
Средь множества вопросов Ты - Ответ.

Уверенность моя средь отчаянья;
Ты - мой Бальзам на раненую грудь.
Средь обвинений Ты лишь - Оправданье;
Средь бездорожья жизни Ты - мой Путь.

Сокровище мое средь изобилья,
И Ты - мое Богатство в бедноте.
А в униженьи Ты лишь - мои Крылья,
И мой Причал спокойный в суете.

Любовь моя - Господь! И нет другого.
Ты наслаждение моей души.
Я каждый день вдыхаю Тебя снова...
И только Ты - мой Царь и моя Жизнь!

17 декабря 2015

Последние две нотки

Я кричала к Творцу
С болью сердца в груди
И ответ ждала долго от Неба.
Он ответить мне мог
Иль сказать «подожди»...
Я устала бороться и бегать.

Ослабела рука...
И мой голос затих...
Лишь глаза поднимаю я к небу.
И как будто года
Этот тянется миг...
Я ответа жду больше, чем хлеба.

Только Вера моя
Прошептала внутри:
«Не спеши, не бросай свое бремя,
Ты доверься Христу
И ответа дождись,
Ведь у Бога на все свое время.

Когда Бог так молчит,
Знай, работа идет,
Хоть ее ты не видишь годами.
Пока Бог не допишет
Последних двух нот,
Не услышать нам песню сердцами.

Не увидеть ответ,
Что с тобою мы ждем,
Пока чашу молитв не наполним.
И победный мотив
Мы в дуэт не споем,
Если в жизни, уставши, мы стонем.

Нам с тобою двоим
Надо ближе идти.
И с Надеждой шагать в одну ногу.
Пусть дорога трудна -
Доверяйся Любви!
И за все благодарна будь Богу!»

2 Мая 2014

Хочу плодить

Как дерево по осени
Склоняет свои ветви,
В усталости роняя всю свою красу,
Согнувшись, не ломается
При всем порыве ветра...
Так и меня, Господь,
          Смиряй в своем саду.

Я знаю, ветер северный
Пронзит меня до дрожи.
И с треском облетит, что не имело сок.
Живые ветви ветер
Не оборвет, не сможет,
Хоть и бросает в жизнь
          Свой ледяной поток.

Я знаю, очищение
Мне так необходимо,
Чтоб зацвести смогла я следующей весной.
Хотя стоять под ветром мне
Порой невыносимо,
Но знаю, не сломлюсь!
          Ведь Ты, Господь, со мной!

И пусть не раз по осени
Меня закрутят бури,
Я знаю, не позволишь им сломить мой дух.
Корнями стану крепче я,
Коль ветви изогнулись.
И с радостью, Творец,
               Прославлю Тебя вслух.

И снова солнце выглянет,
Что пряталось за тучи.
И с новой силой сок Твой потечет в ветвях.
Им почки наливаются,
И плод созреет лучше...
Хочу плодить, Господь,
               Ты очищай меня!

30 ноября 2014

Доверяю Тебе

Доверяю Тебе, Господь,
И на воду спускаю ногу.
Пусть по волнам не ходит плоть,
Я учусь доверяться Богу.

Доверяю Тебе, Господь,
И ногами воды касаясь,
Отпускаю руками борт,
Хоть внутри еще сомневаюсь.

Волны злобно бьют по ногам,
Сзади вторят: "Не лезь, утонешь".
Но я верю Твоим словам:
"Наступай на волну, ты сможешь".

Взгляд добрейший ловлю сквозь тьму,
И уверенность входит в тело.
Я не знаю как, но иду
По волнам, как по суше, смело.

Здравый разум твердит: "Вернись,
Ты не первый покинул лодку...
Ты погибнешь! Куда? Очнись!".
Осужденья и крик вдогонку.

Но боюсь посмотреть назад
И под ноги не смею тоже...
Я в тумане держу Твой взгляд...
Разве Ты предать меня можешь?

Доверяю Тебе, Господь,
И ногами воды касаясь,
Я иду, где не ходит плоть,
Я отныне Тебе доверяюсь!

9 сентября 2015

***

Помни всегда, что ты дочка Царя,
Каждый свой миг лишь по-царски живя.
По-царски смиряйся, по-царски люби,
Всех милуй по-царски, прощай, снисходи.
Когда же бывает, что трудно смириться,
Знай, жить лишь по-царски достойно царицы.

2011

Берег завета

Посвящается моей дочке Лианне.

Сегодня день твой, моя дочь.
Когда-то я, как ты точь-в-точь,
Стояла так на берегу,
Шептала: "Господи, смогу ль

Я в сердце сохранить завет
И верность чрез десятки лет?
Я так хочу и так боюсь,
А вдруг, когда с пути собьюсь

И в искушенье упаду,
Вернуться вдруг я не смогу..."
Манила чистая вода.
Ответил мне Господь тогда:

"Не бойся сделать первый шаг,
И убежит невольно страх.
Доверься Мне, Я поведу.
Поверь, тебя не подведу.

И если ты споткнешься вдруг,
Я поддержу тебя как друг,
И сквозь грозу, и сквозь туман,
Через предательство, обман

Я помогу тебе пройти.
Не обещаю обойти
Огонь и воду, жгучий зной,
Но обещаю быть с тобой.

Ты только за руку держись,
Мой голос слышать научись,
И на равнинах жития
Не вырви руку от Меня".

И я доверилась тогда,
Взялась за руку и пошла.
Он двадцать лет меня ведет
Чрез бури, грозы, гололед.

Бывает всякое в пути:
Меня приходится нести,
Когда толкать, когда тянуть.
Он не дает с пути свернуть.

И все, что важно до сих пор,
Так это с Богом разговор.
Проверка связи в тишине -
Моя рука в Его руке...

И ты Его держись всегда!
Все остальное - пустота.

20 Февраля 2015

Хочу быть заразной

Я хочу, мой Господь,
Солью быть в этом мире,
Чтоб от гнили сердца сохранять,
Чтоб родными с Тобой
Становились чужие,
Чтобы жажду к Тебе вызывать.

Я хочу, мой Господь,
Быть заразной для многих.
Заражать их Твоей простотой.
Тех, кто рядом идет,
Чтоб в конечном итоге,
Они сами болели Тобой.

Я хочу, мой Господь,
Быть "завидной" подругам,
И с Тобой в отношениях быть,
Как с любимым, родным
И надежнейшим другом,
Чтоб с Тобой захотели дружить.

Я хочу, мой Господь,
Зажигать тех, кто тухнет,
У кого свет надежды погас.
Пусть, согревшись огнем,
Загораются в Духе,
И наполнятся верой в запас.

Я хочу, мой Господь,
Быть помехой для злого
И врагом похитителю душ,
Чтоб лишился он сил
И предлога любого.
Я победы от неба дождусь.

Я хочу каждый день
Так зависеть от Бога,
Как наркотика ждет наркоман.
И чтоб жажда моя
Повлияла в итоге
На людей, разгоняя дурман.

14 Мая 2014

Научи, Господь, сражаться

Научи, Господь, сражаться,
Чтоб не просто бить мечом
И по воздуху гоняться
За невидимым врагом.

Научи носить доспехи,
Шлем и обувь, и притом
Для победного успеха
Научи владеть щитом.

Тренируй меня почаще,
Чтобы практика была,
Чтобы в битве настоящей
Не слетела голова.

Научи идти в атаку,
Поражать, чтоб точно в цель,
А не просто лезть, как в драку,
Иль кричать как дикий зверь.

Научи меня деталям,
Подскажи, где слаб мой враг,
Потому что я устала
Поднимать свой белый флаг.

Я устала отбиваться
И ранения лечить.
Научи меня сражаться,
Научи в победе жить!

14 Февраля 2016

Корона сердца

В стране моей родной души
Цветет сердечный сад.
Господь победу совершил
И разогнал весь ад.

Границы Он поставил Сам
И оградил меня,
А я в ответ к Его ногам
Корону принесла.

Корону сердца и свой трон
Представила Ему.
Тобою грех мой побежден,
Теперь Тобой живу.

Да царствует теперь Любовь
В стране моей души!
И мира радостный покров
Раскинется в тиши.

Мой Царь и больше никого
На троне сердца нет.
Но враг не оставлял свое,
И отравлял мой след...

Он зажигал вокруг огни,
Чтобы меня отвлечь
От Божиих святых границ,
Чтоб мне их пренебречь.

Но был бессилен его план -
Господь всегда со мной!
Враг лишь зубами скрежетал,
Что проиграл свой бой.

Ликует вся моя страна -
Победа за Царем!
Я благодарностью полна,
Что враг мой побежден.

Летело время, шли года,
Но он не отступал,
И незаметно иногда
Так мысли посылал.

И говорил мне: «Так нельзя,
Чтоб в сердце только Царь.
А как же вся твоя семья?
Ведь это Божий дар!»

Я только краешком души
Послушала слова...
В водовороте суеты
Погрязла голова.

И понесло меня волной,
И остановки нет...
Пропали радость и покой,
Не виден даже след.

На троне сердца моего
Ликует суета:
Работа, дети, дом, родство
И важные дела.

О, не подумайте, друзья,
Там не было греха;
Все сердце заняла семья,
А в духе пустота.

Еще старалась я успеть
Себя так проявить
Везде, где можно, даже петь
И Господу служить.

Я думала, что будет рад
Мой Царь таким делам,
Но труд не приносил плода,
И я изнемогла.

Я думала, Ему служу
И раздувала пыл;
И что Ему принадлежу...
А Бог в сторонке был.

Он ждал меня, пока очнусь
От суеты своей,
Когда с вопросом обращусь
К Нему в заботах дней.

Когда спрошу, что хочет Он,
И для чего живу.
Когда устану делать то,
Что я сама хочу.

И день пришел, я поняла:
Так много пустоты,
Как далеко я забрела
В просторах суеты.

Я вмиг увидела себя,
Все ценности свои.
И очень четко поняла:
Лукавы мои дни.

Взывала к Богу: "Очищай
Страну моей души,
И трон мой Ты освобождай
От царства суеты".

И Бог пришел, все разогнал,
Очистил сердца трон.
И я опять к Его ногам
Пришла чрез боль и стон.

Сменилась власть, я ожила,
Покой наполнил вновь.
И коронация прошла.
Теперь Царь сердца - Он!

"Держи меня, Господь, прошу,
Сама не удержусь.
Я тело на себе ношу,
Еще не раз споткнусь.

Еще не раз закинет враг
Петлю, чтоб уловить.
Веди и направляй мой шаг,
Самой не победить".

Идет сраженье каждый день
За трон сердечный твой.
И разум - это та мишень,
Куда летит огонь.

Что царствует сегодня там?
Быть может, суета?
А может, зависти капкан?
Земная красота?

Быть может, так позволил ей
Руководить тобой,
Что сам не понял, как она
Все тянет за собой?

Быть может, в сердце правит лень?
Иль страх - владыка там?
И напускает каждый день
Сомнения дурман.

А может, правит серебро,
И ты им опьянен?
Для накопления его
Ты как приговорен.

Кому корону ты отдал
От сердца своего,
Того царем своим признал,
Тому ты стал рабом.

Быть может, ты не знаешь, что
Господствует в тебе.
Так это чаще всего то,
Что утром в голове.

26 ноября 2013 - 1 мая 2016

Веянье тихого ветра

«Илья, зачем пришел ты?» -
        Господь встречал вопросом.
«Убили всех пророков,
        остался я один.
Оставили завет Твой...
        Я стал для них отбросом...
И жертвенник разрушен,
        поник Иерусалим».

Господь все понимает
        без споров и вопросов.
Хотел Илья увидеть,
        чем силен Бог его.
Хотел он справедливо
        воздать за всех пророков,
И силою Господней
        лишить врагов всего.

Но Бог в Своем терпеньи
        выводит силу ветра:
«Смотри, Илья, на силу,
        способную на все.
Разрушить много может
        на сотни километров -
Не в этой силе Бог твой.
        Смотри, Илья, еще».

Потом землетрясенье,
        дрожит земля в смятеньи,
И эта сила вечно
        подвластна лишь Творцу.
Илья не понимает,
        стоит в большом смущеньи -
Не в этой силе Бог твой,
        доверь себя Ему.

И вот огонь выходит,
        напористо идущий.
Готов пожрать мгновенно,
        оставив все в дыму.
Но только Илий хочет,
        чтоб силой всемогущей
Воздал Бог по заслугам
        народу Своему.

Но Бог в Своем терпеньи
        выходит в тихом ветре.
Откуда Он, куда идет -
        понять не суждено.
Он тихо прикоснулся,
        погладил человека...
И сердце вдруг запело,
        все поняло оно.

Ведь только этой силой
        коснуться можно душу,
И ДУХ СВЯТОЙ приходит,
        чтоб изменилось все.
Касается так нежно,
        чтобы открылись уши.
Свершилось возрожденье
        одной души еще!

26 Октября 2010

Стучи, Господь!

Стучи, Господь, хотя забиты двери,
И окна заколочены внутри.
По комнатам уже метут метели...
Господь, пожалуйста, сильней стучи.

Стучи, Господь, хотя не слышно звука,
И собственные стены – палачи.
Душа - заложница... А в сердце мука...
Господь, пожалуйста, стучи... стучи...

И пусть надежды нет на пробужденье,
И нет желанья что-либо менять,
А лишь забыть про все, как в опьяненьи...
Господь, пожалуйста, не брось стучать.

Стучи, Господь, по окнам и по стенам,
И пусть от страха дрогнет все внутри.
И даже если стынет кровь по венам,
Прошу, Господь, пожалуйста стучи!

10 апреля 2016

Зачем нам внешний макияж?

Зачем нам внешний макияж,
Когда внутри скопился гной?
Зачем искусственный пейзаж,
Когда в корнях давно застой?

Зачем красивые слова,
Когда с гортани рвется крик?
Зачем улыбки торжества,
Когда восторг давно поник?

Зачем нам похвала людей,
Когда ругает нас Господь,
Когда под действием страстей
Мы вместо духа сеем в плоть?

Зачем сменен приоритет
И Дух Святой уничижен?
Зачем дух времени воспет,
Ведь Богом он приговорен?

Зачем лукавить пред людьми?
Лукавство взрывом громыхнет!
Достойна правда похвалы,
И искренность почет найдет.

Зачем? Ответа не найти...
Не лучше ль вскрыть весь этот гной,
Признать падения в пути,
Свои ошибки за спиной?

И вместе пасть к ногам Христа,
О милости Его молить,
Чем притаившись, за глаза
В душе томиться иль судить.

10 октября 2016

***

Мудрость в Божьих сокрыта руках,
Без Него жизнь запутана сложно.
Можно что-то слепить кое-как,
Но творить без Творца - невозможно.

17 апреля 2015

Мои отношения с Богом

На мои отношения с Богом
Не влияет "святая" одежда,
Не влияет в питании строгость
И горенье церковной свечи.
На мои отношения с Богом
Повлиять может Господа нежность,
(Что способна затронуть любого)
И мое состоянье души.

На мои отношения с Богом
Повлиять может сильная жажда,
Осознание жизни убогой
И желание с Ним говорить.
И мои отношения с Богом -
Это то, что действительно важно
И дороже богатства земного.
Это то, за что стоит платить.

2 Ноября 2016

Сердце, мое сердце!

Сердце, мое сердце! Отчего болишь?
Что ж ты неуверенно так внутри стучишь?
И зачем сжимаешься болью под плечом?
Как струной натянутой ноешь об одном.
Отчего дышать мне ровно не даешь?
Холодом невольно пробирает дрожь...

Сердце, мое сердце! Ты же знаешь путь.
Выбрала однажды - не могу свернуть,
Не могу вернуться, перекрыт обход.
Есть одна дорога - за Христом вперед.
Знаю, что с Иисусом суждено страдать,
Но Он будет рядом и поможет встать.

Сердце, мое сердце! Кровь Христа храни
И по венам слабым верой пробеги.
Раствори все тромбы, исцели всю боль,
Пусть тебя заполнит Божия любовь.
Разве Бог оставил? Разве опоздал?
Под Его контролем каждый твой удар!

24 июля 2016

Имею против тебя...

*«Но имею против тебя то,
что ты оставил
первую любовь твою»
Откровение 2:4*

«Я знаю тебя, - говорит Вседержитель, -
Ты много трудился на ниве Моей,
Работал усердно, как домостроитель,
И душу свою отдавал для людей.

И много раз в жизни ты низко склонялся
От жестких ударов, что рубят с плеча.
Ты все перенес, и так кротко смирялся,
В терпении сила твоя велика.

А часто вокруг были лживые братья
И лесть, и их ложь были сетью тебе,
Когда клевета раскрывала объятья,
Чтоб ты захлебнулся в жестокой борьбе.

Все было прекрасно за долгие годы,
Ты полон порядка и многих трудов,
Но что-то случилось, средь тихой погоды
Оставил ты первую к Богу любовь.

Скажи мне, ответь, ты хоть любишь Меня?
И сколько еще в твоем сердце огня?
А помнишь, когда мы украдкой с тобой
Встречались ночами под яркой луной?

Ты помнишь те встречи, когда мы одни
Сидели часами, горя от любви?
Когда говорил ты Мне: "Больше всего
Хочу я на свете, Господь, лишь одно,

Встречаться почаще, общаясь с Тобой.
Я очень люблю Тебя всею душой.
И я ничего не хочу без Тебя.
Пойду за Тобой на край света, любя".

Ты помнишь? О, как это было давно,
Когда обещал ты Мне много всего...
Когда убегал ты от близких друзей,
Ко Мне на свиданье спешил ты скорей.

Ты просто любил, не просил ничего.
О чем говорить, было нам все равно,
Мы сердце друг другу открыли тогда.
Скажи Мне, ты все еще любишь Меня?

Ты много даешь своего для Меня,
Но Я так хочу не твое, а тебя.
Я сильно скучаю и очень люблю!
Скучаешь ли ты? А Я все еще жду.

Я жду тебя там же, с утра до ночи
С надеждой на встречу, а ты же молчишь...
Мы счастливы были когда-то с тобой,
Теперь же ты занят служеньем, собой.

Подумай и вспомни, откуда ты пал?
И где так небрежно любовь растоптал?
На что променял ты сегодня Меня,
За внешним эффектом частенько гонясь?

Покайся скорей и ко Мне приходи.
Не нужно служенье твое без любви.
А если не так, повстречаю тебя
И сдвину светильник, не станет огня».

25 Ноября 2012

Поднимайся, церковь, на молитву!

Умирает церковь без молитвы,
Но помпезно все же держится еще,
Смешивая краски на палитре,
Разукрашивает серое кино.

Церковь без молитвы заболела,
Постепенно ослабел иммунитет,
И она по Богу охладела,
Потому ее так раздражает свет.

Без молитвы церковь умирает,
Нарывает лицемерием души.
И от осуждений опухает,
Обрастая метастазами внутри.

Умирает церковь без молитвы,
Отодвинув Бога на последний план.
В замысел врага поверив хитрый,
Променяла дар духовный на талант.

Без молитвы церковь умирает,
Погибает без водительства Христа,
Очищать себя не позволяет
И не замечает, что почти мертва...

Поднимайся, церковь, на молитву!
Пришло время обновления ума!
Возьми Библию и пыльность вытри,
С покаянием взывай, пока жива.

Поднимайся, церковь, на молитву!
Ты должна уже уверенно стоять,
И готовой быть к последней битве,
И не только защищаться - наступать!

Поднимайся, церковь! Поднимайся!
Принимай в молитве Божью благодать!
Поправляй светильник! Загорайся!
Чтобы встречу с Женихом не прозевать!

7 Ноября 2016

Да пошлет тебе Бог...

Да пошлет тебе Бог в этом новом году
Предостаточно солнца и света,
Чтоб улыбка могла разгонять темноту,
И чтоб яркой казалась планета.

Да пошлет тебе Бог в суете длинных дней
В меру дождь и обильные ливни,
Чтобы ты научился ценить посильней
Каждый солнечный день в твоей жизни.

Да пошлет тебе Бог на просторах земли
В меру сил твоих ветер осенний,
Чтобы ты, очищаясь, учился идти
Против злобы людей и презрений.

Да пошлет тебе Бог утешенье в скорбях,
Чтобы ты не сломился невольно.
Пусть не будет нужды в настоящих друзьях,
Когда будет порой очень больно.

Да пошлет тебе Бог в самый нужный момент,
Когда кажется, - все, ты у грани -
Телефонный звонок иль простой комплимент,
Чтобы вспыхнула вера, как пламя.

Да пошлет тебе Бог на духовном пути
Испытанья по силам и битвы,
Чтобы ты научился, сражаясь, идти,
Чтобы мог побеждать чрез молитвы.

Да поможет Господь в обстоятельствах всех
Возростать с постоянством духовно,
Чтобы плод приносить. Только в этом успех!
Даже если порой очень больно...

Даже если не так, как хотелось тебе,
И не так, как, казалось бы, надо,
Да поможет Господь принимать все как есть,
Твердо веря - все это во благо.

26 Декабря 2016

Божий шедевр

«Нас равнозначными создал великий Бог» -
Да кто ж такое выдумать-то мог?
Ведь на планете каждое творенье
Несет в себе свое предназначенье.

И каждый зверь, и дерево в лесу,
И даже туча на своем бегу -
Все знает место, время и устав,
И для чего его Творец создал.

Лишь человек, за годом год живя,
Не знает время, место для себя.
Все мечется по жизни, все спешит,
И сам не знает он куда летит.

Ты сотворен конкретно для чего-то,
Ты сотворен благословить кого-то.
Но чаще мы не знаем, где и что
Определил Господь и для кого.

В общении с Творцом себя познай,
И для чего ты создан разузнай.
Бог копий не творил, не повторяй других!
Ведь ты - ОРИГИНАЛ в Его руках святых.

19 июля 2011

Так бывает со всяким

> «Дух дышит, где хочет,
> и голос его слышишь,
> а не знаешь, откуда приходит
> и куда уходит:
> так бывает со всяким,
> рожденным от Духа»
> от Иоанна 3:8

Когда жизнь разбушуется громом порой,
Безысходность рисует картины тревогой,
Я храню в своем сердце небесный покой...
Так бывает со всяким рожденным от Бога.

Когда грех увлекает своей красотой
И прямой представляет кривую дорогу,
Очень скверно становится мыслью одной...
Так бывает со всяким рожденным от Бога.

Когда враг строит планы меня удержать
И настойчиво шепчет сомненье на ухо,
Твердой верой готова его отражать...
Так бывает со всяким рожденным от Духа.

Когда в комнате тайной подальше от всех
Я настрою сердечные уши для слуха,
Слышу голос Его безо всяких помех...
Так бывает со всяким рожденным от Духа.

Когда планы мои Бог меняет порой,
Неожиданно в сторону сдвинув немного,
Я послушно иду Его волей святой...
Так бывает со всяким рожденным от Бога.

7 Января 2017

Камень преткновения

Прости, Господь, что камнем преткновенья
Легли мы на Твоем святом пути,
Загородив, без чувства сожаленья,
Дорогу всем желающим идти.

И незаметно камень вырос в глыбу,
Которую никак не обойти,
И, набивая новые ушибы,
Толкает по обочинам ползти.

Одни обходят эту глыбу справа,
Другие слева, крайности вкусив.
А между ними твердая преграда...
Для общей цели мало перспектив.

А кто-то здесь, разбившись, остается,
Не в силах продолжать нелегкий путь...
Ведь, к сожалению, не каждому дается
Достаток силы, чтоб перешагнуть,

Чтобы подняться выше над землею
И посмотреть на камень с высоты.
Огромен он - когда перед тобою,
И маленький - с небесной широты.

Прости, Господь, прошу Тебя за многих,
За тех, кто камнем был другим не раз.
Помилуй их, прошу во имя Бога,
И обнови сознание сейчас.

Прошу за тех, кто с болью отвернулся,
Пронзенный ложью в красочных словах,
Кто на лукавстве этом поскользнулся,
Заметив лицемерие в глазах.

Ты поддержи их, Боже, средь раздумья,
Когда сомненья душу теребят
И атакуют разум до безумья,
Чтоб боль не отвернула от Тебя.

Прошу за тех, кто, видя преткновенья,
Цепляет за обочину ногой.
Ты сохрани их душу от паденья,
Чтоб крайности не стали их судьбой.

Прости, Господь, и не суди нас строго.
Вновь подними еще на этот раз.
И помоги, чтоб на Твоей дороге
Не спотыкались люди через нас.

3 Апреля 2017

Продаются доски

"Продаются доски" - вышло обьявленье.
Старенькие, правда. Только две доски.
Их зовут Любовь и кроткое Смиренье.
Здравому мышлению, кстати, вопреки.

Подойдет к оплате ваше покаянье
И в залог под стражу ваше "я" возьмем.
Принимаем так же гордость, оправданье.
От превозношенья сдачу не даем.

Эти доски станут для вас новым стартом,
Если вы решитесь заплатить сполна.
Даже не торгуйтесь... Не дается даром.
Эти две доски с Голгофского креста!

Продаются доски в небольшом объеме.
Старенькие, правда, но имеют спрос.
Не рекомендую вовсе экономить...
Продаю не я здесь, продает Христос.

4 Апреля 2017

На Земле ответа не найти

Есть дороги, что пройдя однажды,
Мы боимся даже вспомнить их.
Нам, наверно, не пройти их дважды,
И не разделить их на двоих.

Есть моменты принятых решений,
Лишь понятных Богу и тебе...
Есть моменты слез и откровений,
Изменивших все в твоей судьбе.

Есть вопросы в жизни без ответа,
На которые Господь молчит.
К сожаленью или к счастью это,
Только Вечность нам все объяснит.

Только там мы все поймем однажды,
И увидим результат пути.
Там вопрос отвечен будет каждый,
На Земле ответа не найти.

8 марта 2017

Гонорар

Не мудростью моей сплетаю рифмы,
И не талантом движима рука.
Стихи мои - горячие молитвы
Читает небо на простых листках.

То близостью Господней пахнут нотки,
То болью слезы капают меж строк.
Я, изливаясь на бумагу, ставлю точки,
А Бог дает живительный поток.

Он наполняет вдохновеньем вечер,
И льется откровений череда.
А без Него поэзию калечу,
И скачут мои мысли кто куда.

Лишь Бог Один - источник вдохновенья,
От Духа Своего Он дал мне дар,
Поэтому, без всякого сомненья,
Для Бога моей жизни гонорар.

22 января 2015